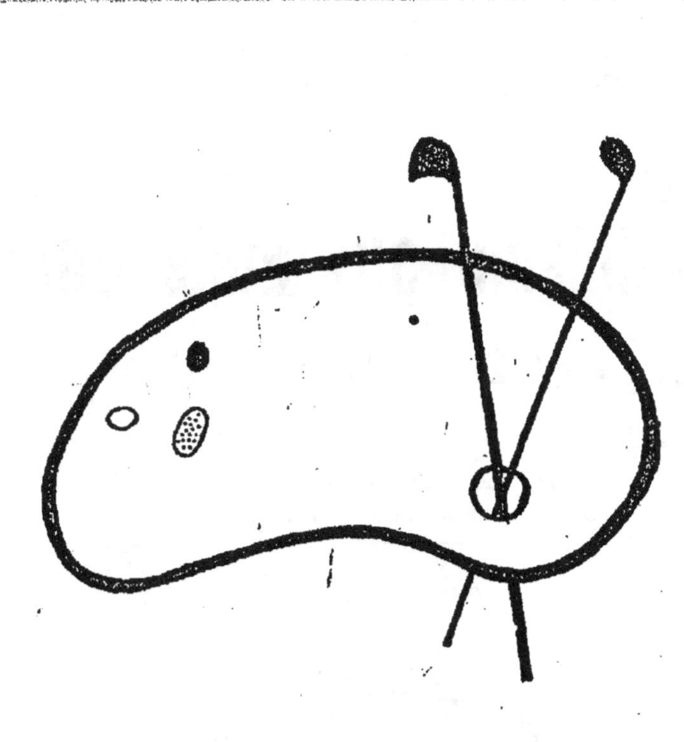

DEBUT D'UNE SERIE DE DOCUMENTS
EN COULEUR

SCIENCE ET RELIGION
Etudes pour le temps présent

LE

Catholicisme aux États-Unis

DE L'AMÉRIQUE DU NORD

PAR

M. A. ANDRÉ

Supérieur du Séminaire Universitaire de Lyon

TOME PREMIER

PARIS

LIBRAIRIE BLOUD & Cie

4, RUE MADAME ET RUE DE RENNES, 59

1905

SCIENCE ET RELIGION

Études pour le temps présent. — Prix 0 fr. 60 le vol.

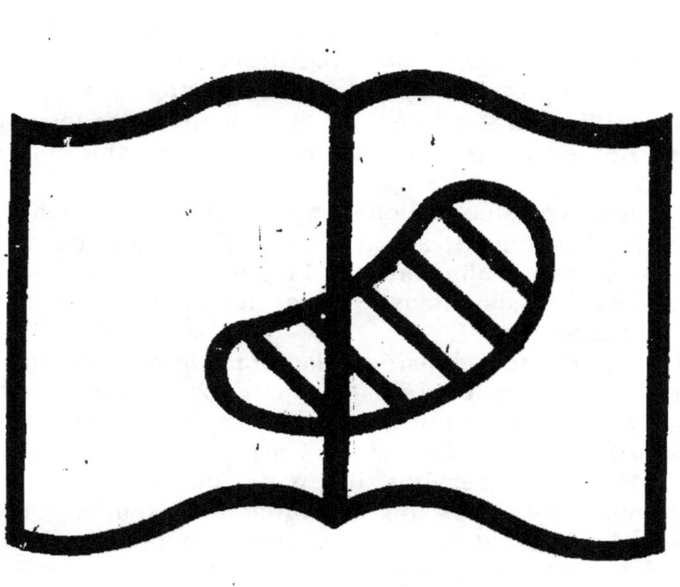

Illisibilité partielle

Collection

" LA PENSÉE CHRÉTIENNE "

TEXTES ET ÉTUDES

Volumes grand in-16 à prix variés.

La nouvelle collection que nous entreprenons sous le titre *La Pensée chrétienne* a pour but de mettre à la portée du plus grand nombre possible de lecteurs les parties les plus essentielles de l'Ecriture sainte, les principaux monuments de la Tradition et les œuvres particulièrement importantes des auteurs chrétiens.

Le plan de cette collection comporte une traduction partielle de l'Ancien Testament, une traduction intégrale du Nouveau, enfin des Extraits abondants, en langue française, des Pères de l'Eglise, des Grands Scolastiques et des Maîtres de la pensée chrétienne moderne.

Cette importante publication, facilitant le recours aux textes — qui s'y trouveront présentés sous une forme facilement accessible à tous — est destinée, dans l'esprit de ses fondateurs, à promouvoir l'étude positive du Christianisme spéculatif.

Pour atteindre ce résultat, il a paru que le mieux serait de publier, non des *études* ou *monographies* qui, si objectives soient-elles, montrent toujours œuvres et hommes à travers le prisme d'un cerveau étranger, mais des Extraits copieux. Ces Extraits, traduits et annotés, reliés entre eux par de brèves analyses, précédés, sauf exception justifiée, d'introductions biographiques et bibliographiques, permettront au lecteur d'entendre chacun développer lui-même la synthèse intégrale ou les théories particulières que lui a inspirées sa foi. Cet exposé purement descriptif, où se trouveront étalées, dans leur variété infinie, les splendeurs de la théologie et de la philosophie chrétiennes, suffira, on l'espère, à ruiner le vieux préjugé qui veut que le Christianisme, imposant uniformément à tous les croyants un dogme immuable, opprime les individualités et détruise leur légitime autonomie.

En résumé, la collection *La Pensée chrétienne* (*sur laquelle nous appelons la bienveillante attention* des centaines de mille lecteurs et amis de *SCIENCE ET RELIGION*) formera dans son ensemble, avec ses quatre groupes : **biblique, patristique, scolastique, moderne,** le tableau le plus complet et le plus suggestif de *l'évolution dogmatique* et, plus généralement, de *la vie intellectuelle dans le christianisme à travers les âges.*

DEMANDER LE CATALOGUE DE " *La Pensée chrétienne* "

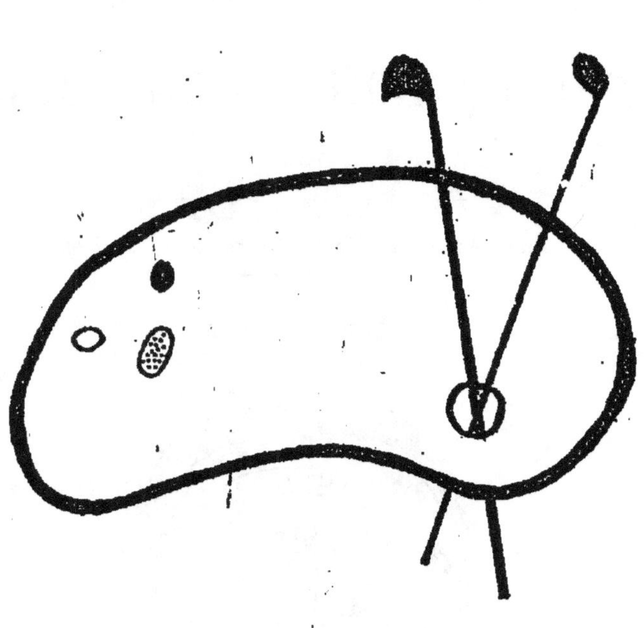

FIN D'UNE SERIE DE DOCUMENTS
EN COULEUR

SCIENCE ET RELIGION
Études pour le temps présent

LE
Catholicisme aux États-Unis

DE L'AMÉRIQUE DU NORD

PAR

M. A. ANDRÉ

Supérieur du Séminaire Universitaire de Lyon

TOME PREMIER

PARIS
LIBRAIRIE BLOUD & Cie

4, RUE MADAME ET RUE DE RENNES, 59

1905

DANS LA MÊME COLLECTION

Le Catholicisme en Russie, par I.-L. GONDAL, supérieur du grand séminaire de Toulouse . . . . 1 vol.

Le Christianisme au pays de Ménélik, par I.-L. GONDAL, prêtre de Saint-Sulpice, supérieur du grand séminaire de Toulouse. 2e édition . . . . 1 vol.

Le Catholicisme dans les Pays Scandinaves, par l'abbé Lucien CROUZIL, docteur en droit (ès-sciences politiques et économiques), professeur à l'Institut catholique de Toulouse. 2e édit. 2 vol. se vendant séparément.
    I. *Danemark et Islande.* . . . . 1 vol.
    II. *Norwège et Suède.* . . . . 1 vol.

Le Catholicisme en Irlande, par G. LECARPENTIER, licencié ès-lettres, diplômé des Hautes Études. . . . . . . 1 vol.

Le mouvement religieux en Angleterre au XIXe siècle, par le R. P. RAGEY, mariste. 3e édition. 3 vol. se vendant séparément.

    I. — *L'Anglicanisme* . . . . 1 vol.
    II. — *Le Ritualisme* . . . . 1 vol.
    III. — *Le Catholicisme en Angleterre.* . . . . 1 vol.

Petites religions d'Amérique. |Les *Cures divines. Le Spiritisme,* par le baron CARRA DE VAUX, professeur à l'Institut catholique de Paris. 2e édition . . . . 1 vol.

L'Eglise russe, par I.-L. GONDAL, supérieur du grand séminaire de Toulouse. 3e édition. . . . . 1 vol.

L'Eglise grecque-orthodoxe et l'Union, par le P. TOURNEBIZE, S. J 3e édition. — I. *Histoire de la séparation. — Démembrement. — Etat actuel.* — II. *Obstacles à l'Union. — Divergences disciplinaires et dogmatiques. — Exposé et solution.* 4e édition. 2 vol. Prix . . . . **1 fr. 20**

Les Missions protestantes à la fin du XIXe siècle, par l'abbé P. PISANI, chanoine de Paris, docteur ès-lettres, professeur honoraire à l'Institut catholique de Paris. 2e édition . . . . 1 vol.

Le Catholicisme aux Etats-Unis
DE L'AMÉRIQUE DU NORD

PREMIÈRE PARTIE

Les origines ou les missions chez les Indiens et dans les colonies anglaises (1512-1789).

Vue générale.

Les Etats-Unis de l'Amérique du Nord forment une république fédérale dont la capitale est Washington. Situés entre le 69° et le 127° de longitude, et le 25° et 49° de latitude, ils ont une étendue presque aussi grande que celle de l'Europe, sans compter l'Alaska, province plus vaste, à elle seule, que les Empires Allemand et Autrichien.

Au point de vue physique, les Etats-Unis sont un immense pays, possesseur d'incalculables richesses. Je les ai parcourus de l'Est à l'Ouest, je me suis arrêté dans les plus grandes villes. Le spectacle qu'ils présentent aux yeux de l'Européen est une véritable révélation. Il faut cinq jours et cinq nuits de chemins de fer de New-York à San-Francisco. De l'Atlantique au Pacifique la République Américaine embrasse une distance de plus de 5000 kilomètres, distance plus considérable que celle de New-York à Paris. Les côtes, à elles seules, en dehors de l'Alaska forment une longueur de dix-sept mille kilomètres.

Les vingt-deux Etats à l'ouest du Mississipi, à l'exception de trois, sont tous plus vastes individuellement que le royaume d'Angleterre et d'Irlande. Cette immense étendue de terrain, sillonnée en tous sens par d'innombrables lignes de chemins de fer, l'est également par un prodigieux système de lacs et rivières. Les lacs à eux seuls occupent une superficie plus grande que le royaume d'Angleterre, et il y a plus de chemins de fer en Amérique, pour soixante-quinze millions d'habitants, que dans toute l'Europe. A l'est des montagnes rocheuses, nous trouvons plus de cinquante mille kilomètres de courants d'eau, tandis que l'Europe n'en possède que vingt-deux mille kilomètres. « Dans cent ans, a dit Gladstone, les Etats-Unis auront plusieurs centaines de millions d'habitants, et seront devenus la nation civilisée la plus populeuse et la plus prospère. Que n'aurait-on pas à dire des ressources matérielles de la République du Nouveau Monde ? Sur leurs huit millions de kilomètres carrés de superficie, les Etats-Unis, d'après les calculs les plus précis, possèdent au moins quatre millions de kilomètres carrés de terres labourables, tandis que la France, qui dépasse toutes les autres nations de l'Europe à cet égard, n'en a pas quatre cent mille, en comptant les prairies qu'il faut mettre à part en Amérique. Leurs prairies forment à elles seules comme pâturages une superficie de six cent quarante-cinq mille kilomètres carrés du Missouri à la Californie, c'est-à-dire plus que la surface entière de la France. La Chine, pays très montagneux, où, par conséquent, une grande partie de terres est impropre à la culture, nourrit à peu près quatre cent millions d'habitants. Elle n'a qu'une étendue d'environ trois millions huit cent mille kilomètres carrés, moins de la moitié de celle des Etats-Unis, sans compter l'Alaska. On a calculé que quatre millions de kilomètres carrés de terres labourables, c'est-à-dire, à peu près la moitié de la superficie des Etats-Unis, pourraient alimenter une population de neuf cent millions d'habitants et fournir à l'exportation plus de cinq mille millions de boisseaux de céréales ; cela revient à dire que, si toute la consommation devait se faire aux Etats-Unis, ce pays pourrait nourrir, à lui seul, onze cent millions d'âmes.

Non moins prodigieuses sont les richesses qui se trouvent sous le sol. Voici les détails que j'emprunte soit à l'encyclopédie britannique, soit à une brochure publiée en 1892 à Boston. De l'or et de l'argent qui circulent dans le monde, les Etats-Unis fournissent, dit-on, à peu près la moitié. Ces deux métaux constituent, d'ailleurs, une petite partie des richesses minérales du pays. Les mines de fer sont exploitées dans trente-trois Etats, et plusieurs d'entre elles pourraient approvisionner une partie de l'Europe. L'étendue des épaisses couches de charbon n'est pas moins de six cent soixante mille kilomètres carrés. Le plomb se trouve dans tous les Etats de l'Ouest, et l'Etat du Missouri seul l'extrait, sur une étendue de neuf mille kilomètres carrés. Tandis qu'en Europe le commerce doit lutter contre les exigences des douanes sur une vingtaine de frontières, rencontrer sur son passage une douzaine de langues différentes, pendant que les nations elles-mêmes, dans un perpétuel conflit d'intérêts, de jalousies et d'antipathies, épuisent leur force à soutenir des flottes et des armées qui dessèchent leur trésor public, représentons-nous dans les quarante-deux Etats d'Amérique, pour ainsi dire quarante-deux nations jouissant d'une liberté parfaite de relations et possédant des institutions et des intérêts communs. Que penser de leur puissance commerciale ? Quel rôle pourra jouer un jour l'Amérique au point de vue de la civilisation chrétienne ?

Le Correspondant dans son numéro d'avril 1902, à l'aide de chiffres et de calculs de la dernière heure, conclut ainsi son étude : « A contempler, disait Gladstone, (c'est le Correspondant qui fait la citation) cette vision de territoires, de populations, de puissance surpassant toute expérience, au spectacle de ces progrès inouis, de ces ressources illimitées, on se demande non pas quelle espèce de producteur, mais qu'elle espèce d'homme sera l'Américain de l'avenir, comment cette figure majestueuse, à qui il est réservé de devenir la plus ample et la plus puissante sur la scène de l'histoire du monde, se servira-t-elle de son pouvoir ? Sera-t-elle pénétrée d'une vie morale à proportion de sa force matérielle ? Une chose est certaine, c'est que les tentations se multiplient avec les possibilités, les responsabilités avec les avantages. La semence sera-t-elle jetée dans les épines ? L'indignité recouvrira-t-elle les fleurs et les fruits ? De la réponse qui sera donnée à ces questions, il dépendra que cette nouvelle révélation de puissance sur la terre soit aussi une révélation de vertu, une bénédiction ou un fléau. Et le Correspondant, ajoutant ses propres réflexions à la pensée de l'illustre homme d'État anglais, termine ainsi son article qu'il a intitulé : *L'américanisation de l'Europe :* « Tandis qu'à travers l'effervescence de l'activité universelle, l'étourdissante mêlée des intérêts, le conflit des ambitions, des institutions et des idées, l'enchevêtrement des nations et des races que rapproche et confond leur vitalité même, le bouleversement des États et l'affaiblissement des frontières, nos yeux inquiets et éblouis s'efforcent d'entrevoir le but et de distinguer la cause assignée à l'humanité, et qu'un vague effroi, une curiosité anxieuse, une vertigineuse surprise nous saisissent devant l'énigme de ces horizons troublés, comme s'ils réfléchissaient l'image de quelque grande catastrophe économique, dans un coin reculé du monde, chez une peuplade jeune, hier encore inconnue, aujourd'hui travaillée de convoitises impétueuses, s'élabore peut-être l'événement mystérieux, la chose inattendue et irrésistible, qui, renversant tous nos systèmes et tous nos calculs, déterminera la synthèse nouvelle par un déchainement d'énergie impossible à prévoir. » La phrase est un peu sonoré, mais elle montre dans toute son intensité, à mon avis, l'intérêt du problème religieux en Amérique. Quelle situation l'Église catholique occupe-t-elle dans cette immense pays des États-Unis ? Qu'a-t-elle fait dans son passé ? Quelle est sa vie ? Quelles sont ses espérances dans cet avenir mystérieux des nations que l'Europe cherche à sonder? Entrevoir la réponse à ces questions de suprême actualité est le but que je me propose dans ce petit résumé de l'histoire du catholicisme en Amérique. Nous ne pourrions nous faire une juste idée de la situation actuelle de l'Eglise catholique aux Etats-Unis, et, à plus forte raison, nous ne saurions comprendre son esprit et sa vie, sans jeter un coup d'œil rapide sur son origine et son histoire. C'est le passé qui, en nous révélant ses luttes, ses triomphes, ses blessures et son imperturbable marche en avant, nous initie à l'intelligence de ce qu'elle est aujourd'hui et de ce qu'elle peut être demain (1).

L'histoire politique des Etats-Unis peut se diviser en deux grandes époques : celle des origines ou de la colonisation, de 1584 à 1789, et celle de l'Union fédérale, de 1789 jusqu'à nos jours.

Etudier le catholicisme dans cette immense pays, c'est suivre la prodigieuse évolution de l'Eglise, depuis l'évangélisation des peuplades indiennes au XVIᵉ siècle, jusqu'à la pleine activité de sa constitution hiérarchique, qui comprend aujourd'hui un délégué apostolique du Saint-siège, un cardinal, quatorze archevêques, soixante-huit évêques et trois Vicaires apostoliques.

L'histoire de l'Eglise catholique aux Etats-Unis peut se diviser aussi en deux grandes époques : celle des missions proprement dites qui correspond à l'époque des origines, et celle de la constitution de la hiérachie qui coïncide avec l'époque de l'Union fédérale.

(1) Les étroites limites, dans lesquelles ce travail doit rester renfermé m'obligent souvent à m'en tenir à des sommaires d'événements, à des énumérations et des statistiques inévitablement très arides. Ces nomenclatures ou simples données historiques ne conservent de vie que pour ceux qui, connaissant bien tout ce qu'elles résument, voient fort au delà de ce qu'elles disent. Elles ne sont en réalité qu'un très incomplet résumé d'une histoire de l'Eglise catholique en Amérique.

Avant d'entrer dans cette étude, il est bon de faire au moins allusion à ce qu'on appelle l'Episode du Vinland. On le prendrait pour un mythe inventé à plaisir si l'histoire ne venait lui donner une certitude indéniable.

Le Vinland.

Quatre siècles avant la découverte de Christophe Colomb, le Catholicisme avait passé avec les Northmans sur le Continent américain. D'après les *Sagas*, monuments authentiques de littérature islandaise, des missionnaires du Groënland et de l'Islande auraient visité, dans le XIe siècle, une terre qui fut appelée Vinland à cause de l'abondance de ses vignes sauvages. Il paraît hors de doute que Vinland ne peut être qu'une partie des Etats-Unis actuels, correspondant très probablement aux côtes de la Nouvelle-Angleterre. Bien que les preuves archéologiques de l'existence du Christianisme dans le Vinland fassent encore défaut, ou du moins ne paraissent point péremptoires, on trouve cependant dans les archives du Vatican des allusions directes à cette nouvelle mission, rattachée au siège épiscopal de Gardar en Groënland. Les *Annales Regii Islandorum* qui donnent l'histoire de l'Islande jusqu'en 1307 racontent que le premier Evêque de Gardar, Eric Gnupson ou Upsi, renonça solennellement à son siège pour se consacrer à ses ouailles du Vinland. C'était au commencement du XIIe siècle. En 1246, sous l'Evêque Olaf, le souverain Pontife demanda au Groënland des contributions pour le denier de saint Pierre, très probablement pour les Croisades ; depuis ce temps, Vinland se trouva toujours mentionné en connexion avec l'Evêché de Gardar dans les comptes des dîmes et quêtes recueillies par l'Eglise. Au XIVe siècle, les incursions des barbares indigènes les Skroëllings d'une part, d'immenses amas de glace d'autre part, interrompirent les communications entre l'Islande, le Groënland et les colons du Vinland. Peu à peu pour des causes multiples de l'ordre physique et moral, comme la peste noire qui dépeupla ces contrées aussi bien que l'Europe, les établissements des Northmans au Nouveau-Monde dépérirent et furent totalement oubliés des Européens jusqu'à la nouvelle découverte de ces continents au XVIᵉ et XVIIᵉ siècles.

Boston a élevé une statue à Leif Ericson, considéré comme le premier explorateur du Vinland d'après les documents ci-dessus mentionnés. Converti au Catholicisme par Olaf II, roi de Norvège, qui venait de conquérir l'Islande au christianisme, Leif avait été envoyé au Groënland pour y prêcher la foi nouvelle. C'est de là que, principalement dans un but d'évangélisation, il commença ses voyages et aborda au Vinland. On peut trouver sur toute cette intéressante question de la découverte du Nouveau-Monde et de l'introduction du Christianisme en Amérique au XIᵉ et XIIᵉ siècles une bibliographie abondante qu'il suffit de mentionner ici (1). C'est donc plus de trois siècles avant que les Puritains de la Grande-Bretagne eussent trouvé un refuge dans la Nouvelle-Angleterre, que la croix de Jésus-Christ fût plantée par les missionnaires catholiques sur la terre américaine.

Missions chez les Indiens,

Au commencement du XVIᵉ siècle, le vaste territoire qui constitue maintenant les Etats-Unis, n'était qu'un pays sauvage. Une race clairsemée, non civilisée, superstitieuse et plus ou moins idolâtre, formait sa seule population.

---

(1) BEAUVOIS. — *Origine et fondation du plus ancien Evêché du Nouveau-Monde.* Paris 1878.

GAFFAREL. — *Etudes sur les rapports de l'Amérique et de l'ancien continent avant Christophe Colomb.* Paris 1889.

L'auteur, dans les chapitres VIII et IX, donné une abondante bibliographie et renvoie aux sources.

Découverte de l'Amérique par les Northmans au Xᵉ *siècle.* Paris.

« The finding of Vinland. Londres. 1890.

« Quarterly Review. April, 1890.

L'évangélisation de l'Amérique avant Colomb. Paris. 1890.

Christophe Colomb et les autres explorateurs qui le suivirent, croyant avoir touché aux côtes de l'Asie en abordant au nouveau continent, donnèrent aux peuplades qu'ils y rencontrèrent le nom d'Indiens, bien qu'elles forment une race à part, distincte de l'espèce asiatique. Leur teint basané les a fait appeler aussi Peaux-Rouges. Le problème de leur origine et de leur existence sur la terre américaine n'est pas encore complètement résolu. Ces populations indigènes occupaient une étendue de terrain deux fois grande comme l'Europe, depuis la baie d'Hudson jusqu'au fond de la Floride, et de l'Atlantique au Pacifique. Elles peuvent se diviser en trois grandes branches : les Indiens des pueblos, supérieurs à tous les autres par leurs connaissances en agriculture et leur vie sédentaire, les Indiens à demi-sauvages, plus ou moins nomades, et les Indiens sauvages proprement dits, ne vivant que de chasse et de pêche. Les Indiens de la première branche, comme les Moquis et les Zunis, étaient disséminés dans le nord du Mexique et jusque dans l'Amérique du Sud. On peut les voir encore dans l'Arizona, le Nouveau-Mexique, au sud du Colorado et de l'Utah. Ils habitaient en général les districts montagneux, qui leur facilitaient les moyens d'irrigation et leur permettaient de bâtir contre leurs cruels voisins de véritables forteresses. Leurs constructions, faites d'abord en briques cuites au soleil, appelées *adobé*, et, plus tard, en pierres plus ou moins polies, s'élevaient parfois jusqu'à cinq étages et pouvaient contenir plusieurs centaines d'habitants. Réunies, elles formaient des villages que les Espagnols appelèrent *pueblos*, et dont on découvre encore des ruines nombreuses dans l'Amérique du Sud. Les Indiens des pueblos se divisaient en clans ou en tribus, ayant chacune leur chef militaire et leur conseil du gouvernement. Au Mexique surtout, et sur le continent américain du Sud, ils possédaient un sacerdoce et des temples ouverts au culte public. Les arts décoratifs, l'écriture hiéroglyphique ne leur étaient point inconnus. De mœurs relativement douces et régulières, ils ne torturaient point leurs prisonniers, mais les offraient en sacrifices à leurs dieux. Au delà des montagnes Rocheuses, dans les Etats-Unis, les vestiges de ces races indiennes demi-civilisées sont assez rares. Le sol, pourtant, est couvert en plusieurs districts de ruines que l'Histoire étudie avec le plus grand intérêt. Ce sont des tertres qui paraissent avoir servi de sépultures. Plus de deux mille de ces *tumuli* ont été ouverts entre les Alleghanies et le Mississipi, et plus de quarante mille objets divers y ont été trouvés : haches en pierre, mortiers, outils de tout genre pour le tissage ou la filature, urnes sépulcrales, articles faits d'étoffes grossières. Sont-ce là des traces réelles de populations indiennes des pueblos, ou des restes mystérieux de quelques races qui les auraient précédées et dont l'Histoire ne peut attester l'origine ? Y a-t-il ressemblance suffisante entre ces tombes et les tumuli que l'on voit encore en Irlande, pour donner quelque fondement à l'opinion d'après laquelle des moines irlandais seraient venus sur ces terres aux xe et xie siècles et les auraient évangélisées ? Un jour sans doute la lumière se fera sur ces questions pleines d'intérêt.

A côté des Indiens des *pueblos*, se trouvaient les Indiens sauvages, dont les différentes familles couvraient une immense étendue de territoire à l'ouest de la baie d'Hudson et, plus au sud, entre les montagnes Rocheuses et le Pacifique. Il suffit de mentionner dans les Etats-Unis, les Apaches, les Jutes, les Novajos et les Mohaves, véritables bédouins de l'ouest. Ils ne résidaient point dans des villages, mais erraient çà et là, emportant avec eux leurs grossières tentes, appelées wigams.

Leurs mœurs, d'ailleurs, ne diffèrent guère de celles des Indiens demi-sauvages.

Cette dernière branche s'était établie principalement à l'est du Mississipi. Elle comprenait trois races de langues diverses : les Iroquois, les Algonquins et les Makoskis. Les principales tribus de cette dernière race étaient les Chikataws, les Choctaws, les Criks et les Séminoles. Il faut ajouter pourtant, quoiqu'ils soient d'une origine différente, les Tuscaroras, les Cherokees et les Natchez. Leur territoire s'étendait au sud de l'Etat du Tennessee actuel et depuis le Mississipi jusqu'à la Floride d'aujourd'hui.

On comptait, parmi les Iroquois, la tribu des Hurons au nord du lac Erie, la tribu des Eries au sud du même lac, et cinq nations dans le territoire qui constitue aujourd'hui l'Etat de New-York, à savoir : les Senekas, les Coyugas, les Onandogas, les Oneidas et les Mohawks. Toutes les tribus établies entre l'Atlantique et le Mississipi, depuis les Carolines jusqu'au Labrador, faisaient partie de la race Algonquine. Parmi elles on distinguait les tribus riveraines des grands lacs, comme les Otawas, les Chippewas ; les tribus de la rive gauche du Mississipi, comme les Illinois ; les tribus du centre, comme les Miamis et les Susquehanas ; les tribus des côtes de l'Atlantique, comme les Delawares et les Naraganssets ; enfin les tribus de la Nouvelle-Angleterre comme les Abenakis et les Penobscotts. Bien que nomades au fond, les Indiens de ces régions se groupaient parfois dans des villages qu'ils bâtissaient autour des lacs, en entourant leurs demeures de fossés et d'épaisses palissades.

C'étaient des peuplades barbares. Ils se livraient à la pêche et à la chasse des hommes comme à celle des bêtes fauves. L'agriculture ne leur était pas complètement inconnue. Ils cultivaient le maïs, le tabac et quelques autres plantes potagères. Ils allaient presque nus, les hommes vêtus de peaux de bêtes, les femmes de courtes jupes les couvrant de la ceinture aux genoux. Tous aimaient à se tatouer ; leur regard était farouche, leur port rustique. Ils faisaient de la danse leur principal amusement et les jeux de hasard étaient leur passion favorite. A la tête de chaque tribu se trouvait un chef guerrier, le sachem ou le cacique, arrivé au pouvoir par droit héréditaire ou par voie d'élection. Tous ces sauvages s'exaltaient pour les combats. Ils maniaient habilement la flèche, la lance aux pointes de corne ou de pierre, la hache appelée Tomawak. Leurs guerres, entreprises pour les plus légers motifs, étaient cruelles ; toute la tactique s'y résumait à surprendre l'ennemi et à se livrer sans frein au carnage. Le titre de noblesse des plus intrépides guerriers dépendait du nombre des victimes, qu'ils faisaient sur le champ de bataille et dont les crânes ornaient leurs huttes. Les prisonniers, emmenés par les vainqueurs au milieu de la féroce tribu, étaient soumis aux plus horribles tortures, brûlés à petit feu, écorchés, déchiquetés. Parfois, leur chair servait à d'affreux festins dans une cérémonie religieuse, et leurs cœurs, coupés en morceaux étaient distribués aux plus jeunes pour leur inspirer du courage. Les vaincus, d'ailleurs, se faisaient un point de gloire d'endurer leurs tourments avec une imperturbable intrépidité, insultant ou provoquant, jusqu'à leurs derniers soupirs, les bourreaux qui, parfois étonnés eux-mêmes du courage de leurs victimes, leur faisaient grâce et les adoptaient, en récompense, comme membres de leur tribu.

Leurs danses impures, leurs jeux immoraux, leurs fêtes presque bestiales, accompagnées d'ignominieuses orgies où chacun se gorgeait à plaisir et ne respectait plus les lois de la nature, l'avilissement de la femme traitée dans le wigam comme une bête de somme, leur caractère soupçonneux, d'une astuce, d'une perfidie inépuisables : tout semblait ravaler cette race au niveau de la brute. La luxure avait ouvert la voie à la superstition et à la magie. Quoi qu'en aient dit ou chanté les romanciers et les poètes, les indigènes américains, d'après les aveux des missionnaires aussi ignorants de Dieu que de la morale, n'admettaient point l'existence d'un Etre suprême. Ils ne saisirent l'idée du Grand Esprit que lorsqu'elle leur eut été suggérée par les Robes-Noires. « Il serait difficile, dit le P. Marest, de dire en quoi consiste la religion de nos

Indiens. Elle est faite de quelques superstitions et de cruauté. « Les manitous ou les esprits étaient selon eux en toute chose : dans la pierre dont le coup produisait le feu, dans la source qui sortait en bouillonnant de la terre, dans le pouls qui battait. Les bois, les étoiles, les montagnes, les lacs et les fleuves parlaient au sauvage ; l'oiseau, le buffle, l'ours, une plume même ou une peau d'animal, tout avait son manitou. L'Esprit pouvait donner aux guerriers le triomphe ou la défaite. Il n'y avait chez ces Indiens, ni temples, ni sacrifices, ni prêtres, mais « leurs hommes de médecine » ou leurs sorciers prétendaient être en communication avec les génies errants ; ils vendaient leurs charmes pour conjurer ces génies ou les appeler à leur secours ; et dans ce but, ils pratiquaient la magie et les incantations, souvent accompagnées de pratiques immorales ou de cruelles vengeances contre leurs prétendus ennemis. Tel fut le champ de bataille de nos vaillants missionnaires. L'arène où combattaient les premiers chrétiens n'avait point de plus grandes souffrances à offrir pour le triomphe de l'apostolat. Tout semblait défier leur dévouement et leur foi : la dureté des climats, les distances immenses à parcourir à travers les forêts ou sur les rapides des fleuves, le manque fréquent de nourriture. Les races sauvages qu'ils poursuivaient de leur infatigable zèle, se refusaient à l'évangélisation. Les *hommes de médecine* faisaient aux missionnaires une guerre sans trêve, en les rendant responsables des infortunes ou des maladies qui éprouvaient les tribus. Traités comme des êtres mystérieux qui pouvaient faire du mal à tous ceux qu'ils approchaient, ils étaient persécutés partout ou laissés à eux seuls dans ces régions ennemies. S'ils réussissaient à convertir quelques familles, ils constataient bientôt que l'inconstance de ces premiers chrétiens leur refusait le droit de fonder sur leurs succès des espérances durables. Rien n'arrêta pourtant leur ambition d'apôtres. Dominicains, jésuites, franciscains, prêtres séculiers tant français qu'espagnols ou anglais, arrivèrent à l'envi sur le continent qu'il fallait conquérir à Jésus-Christ. Ils y implantèrent la foi bien avant la venue des « pèlerins » protestants. Pendant trois cents ans, consacrés au grand œuvre de l'évangélisation des Indiens, ils ont donné à cette période de l'Histoire du catholicisme en Amérique un caractère ineffaçable de gloire, par la sublimité de leurs dévouements, la sainteté de leur vie, l'héroïsme de leurs sacrifices.

Jetons un regard sur cet admirable apostolat chez les Indiens. Les missions entreprises pour la conversion de ces nombreuses peuplades se divisent en trois branches : les missions Espagnoles, les missions Françaises et les missions des prêtres catholiques Anglais.

CHAPITRE PREMIER

MISSIONS ESPAGNOLES

Douze prêtres avaient accompagné Christophe Colomb, à son second voyage, dans le seul dessein de se livrer à l'apostolat. De 1494 à 1512, les missions Espagnoles dépendirent de l'Evêché de Séville. En 1512 fut fondé le siège épiscopal de Saint-Domingue qui devint le centre de la juridiction ecclésiastique dans l'Amérique espagnole du Nord. En 1532, Rome créa les Evêchés de Santiago de Cuba et de Mexico. Le Sud-Ouest fut rattaché à ce dernier siège, le Sud-Est, à Santiago. Plus tard ce furent le siège épiscopal de la Havane pour l'Est, et celui de Durango au Mexique pour l'Ouest, qui devinrent les centres administratifs des missions d'Espagne.

On distingue comme trois zones d'apostolat espagnol en Amérique : celles de la Floride, du Nouveau Mexique et de la Californie. Un simple coup d'œil sur chaque groupe de missions suffira pour donner une idée des labeurs du zèle sacerdotal dans ces contrées.

Article Ier.

La Floride (1).

La Floride est le premier des Etats Américains sur lequel ait brillé la lumière de la Foi. Le 12 octobre 1492, Christophe Colomb entrait dans l'archipel des Lucayes et débarquait sur une des îles Bahama. Il touchait presque aux côtes de l'Amérique du Nord. Il est probable qu'Amerigo Vespucci, retournant dans sa patrie, après son premier voyage, en 1498, fit voile le long des côtes de la Floride, à l'est, jusqu'à la baie de Chesapeake, au nord. Une carte encore existante, connue sous le nom de carte de Cantino, datée de 1502, montre au nord de Cuba une terre qui se termine en une péninsule de forme semblable à la Floride. Quelque navigateur a dû certainement, explorer à cette époque les côtes du golfe du Mexique, en les remontant à l'est jusque vers les Etats actuels de Virginie ou de Maryland. Parmi les Indiens des Bahamas, il existait une légende d'après laquelle on devait trouver dans l'île de Bimini, au nord, la merveilleuse « Fontaine de Jouvence « dont l'eau donnait à la fois la santé et le rajeunissement (2) ». Ces récits enchanteurs auxquels tout le moyen âge avait cru, échauffèrent l'imagination d'un jeune hidalgo, Juan Ponce de Léon, qui avait accompagné déjà Christophe Colomb lors de son second voyage. Le noble castillan obtint une patente royale, lui donnant

---

(1) La Floride forme actuellement une partie des Etats-Unis de l'Amérique du Nord entre le 25° et 31° de latitude nord, le 82° et 90° de longitude ouest ; mais le nom fut donné par les Espagnols à tout le territoire qui s'étend à l'est du Mississipi, et au sud de l'Ohio.

(2) Voir GAFFAREL : *Histoire de la découverte de l'Amérique,* 1er volume. p. 247.

pouvoir de découvrir la mystérieuse source. Il fit voile, au commencement de l'année 1512, avec trois caravelles, et débarqua vers l'embouchure du fleuve Sainte-Marie, au 30°, 8' de latitude nord. C'était le 27 mars, le jour des Rameaux, appelé en espagnol Pascua Florida. En souvenir de cette date, et à cause de la beauté du continent qui se présentait à ses regards, il donna à la nouvelle terre le nom de Floride, qui lui est resté jusqu'à ce jour. Laissant un vaisseau à la recherche de Bimini, il se hâta de retourner à Porto Rico et de là en Espagne, pour obtenir du roi des pouvoirs plus étendus, et reprendre ses explorations.

D'après la nouvelle concession de la couronne, il avait le droit de coloniser l'île de Bimini et la Floride. Le document royal portait que les natifs seraient invités à se soumettre à l'Eglise catholique et à l'autorité du monarque. Défense était faite de les attaquer ou capturer s'ils se soumettaient. Ce ne fut qu'en février 1521 que Juan fut prêt à prendre de nouveau la mer. Les lettres qu'il écrivit, avant son départ, à Charles V et au cardinal de Tortosa, devenu plus tard le pape Adrien VI, montrent que, si l'amour de la gloire ou l'ambition des conquêtes et le désir de la richesse lui étaient de puissants stimulants, il avait aussi l'intention plus noble de répandre les lumières de la Foi sur ces régions plongées dans les ténèbres du paganisme. « Je retourne, disait-il, à cette île pour la coloniser, s'il plaît à Dieu, emmenant avec moi les gens nécessaires pour que le nom du Christ y soit loué et votre Majesté servie. » La place précise comme la date exacte de son débarquement sont restées inconnues. Le Saint-Sacrifice fut-il offert ou quelque acte du culte fut-il accompli à cette occasion sur le sol floridien ? On ne peut que le conjecturer. Ce que l'Histoire assure, c'est que les Indiens s'opposèrent à toute ingérence étrangère ; les Espagnols furent violemment attaqués au milieu de leurs premiers efforts de colonisation. Atteint par une flèche,

Juan Ponce dut retourner à Cuba où il mourut de sa blessure.

Dès ce moment, les expéditions se succédèrent pour coloniser et christianiser le pays. Presque toutes furent infructueuses. En 1520, Vasquez de Ceyllan arriva jusqu'à la baie de Chesapeake et tenta d'établir un poste de missions à San-Miguel, non loin du lieu où, presque un siècle plus tard, les Anglais fondèrent Jamestown en Virginie ; les frimas d'un hiver exceptionnellement rigoureux et les attaques réitérées des Indiens détruisirent bientôt ce second essai d'Évangélisation. En 1527, Pamphile de Navaez amène avec lui plusieurs Pères franciscains, mais toute la flotte vient échouer sur les côtes de la baie d'Appalachez où les religieux sont massacrés par les Barbares. Dix ans plus tard, en 1538, Fernandez de Soto tente une quatrième descente sur le Nouveau Continent ; plusieurs prêtres et quatre religieux franciscains l'accompagnaient ; ils périrent tous pendant leurs marches forcées depuis le golfe du Mexique jusqu'en Virginie. C'est alors qu'un Père dominicain, Louis Cancer de Barbastro, renommé déjà par la victorieuse évangélisation qu'il avait faite, avec Las Casas, des tribus féroces de Véra Paz, résolut de conquérir cette terre à Jésus-Christ par d'autres moyens que le déploiement de forces guerrières. Il ne voulut pour soldats que quelques-uns de ses frères, et une petite suite d'indigènes qui avaient été exportés en Espagne ou aux colonies dans les expéditions précédentes. Armé de la Croix et du Rosaire, il aborda au côté Ouest de la Floride, non loin de la baie de Tampa, le jour de l'Ascension. Dieu ne permit point qu'il réussît dans ses projets ; le célèbre moine tomba sous les coups des sauvages, en poussant ce cri : « O mon Dieu » !... Une chapelle a été construite au lieu où il subit le martyre. En 1559, une autre expédition militaire s'organise sous le commandement de Tristan de Luna, qui prend avec lui quatre dominicains, dignes émules de leurs frères martyrs, mais un cyclone détruit la flotte dans la baie de Santa Rosa.

La Floride semblait irrémédiablement impropre à toute œuvre de colonisation. A cette époque les Huguenots français envoyés par Coligny entraient dans le fleuve St Jean, prenaient possession du pays au nom de la France, et construisaient un fort qu'ils appelèrent Fort Caroline, en souvenir du roi Charles IX. Il importait au gouvernement de Madrid de faire le suprème effort, s'il ne voulait point s'exposer à voir sa suprématie dans le Nouveau-Monde menacée par un ennemi politique et religieux. L'effort fut tenté par Phillippe II (1) et réussit à assurer enfin pendant deux siècles la possession de la Floride à l'Espagne.

La tâche d'éconduire les Français et d'établir dans la péninsule américaine une colonie permanente, fut confiée à l'amiral Pedro Menendez d'Avila, le même qui plus tard devait commander contre l'Angleterre la fatale Armada.

Un acte royal, daté de mars 1565, lui donnait pleins pouvoirs pour l'occupation de ces terres, à la condition qu'il amènerait avec lui, et entretiendrait à ses propres frais douze religieux et quatre membres de la Société de Jésus. L'envoi de nouveaux secours par la France au fort Caroline hâta le départ de l'amiral. Sans attendre la flotte entière, il fit voile de Cadix, en juin 1565, avec dix-neuf vaisseaux et plus de quinze cents soldats ou colons. Le 28 août, il entrait dans un port de la côte floridienne qu'il appela Saint-Augustin, du nom de la fête du jour.

Le 8 septembre, fête de la Vierge, Menendez, au bruit

(1) Il existe de nombreux documents sur les conflits entre les Espagnols et les Français pour la conquête de la Floride. On peut les voir mentionnés dans l'ouvrage trop partial de Parkmann : « The pioneers of France in the New-World. » Sur la tentative faite au XVIᵉ siècle pour établir une colonie française en Floride, voir FAILLON : *Histoire de la colonie française en Canada* Tome I, p. 543 et GAFFAREL, *Histoire de la Floride Française*, Paris.

des canons, les bannières de Castille déployées, faisait son entrée solennelle dans le fort qu'il avait fait construire. En face des navires à l'ancre, devant tous les colons pleins d'espérance, fut offert le Saint Sacrifice de la Messe, des chants d'action de grâces résonnèrent à la gloire de Dieu. L'endroit où s'accomplit cette émouvante prise de possession, au nom du Roi des rois, fut appelé « Nombre de Dios ». On y construisit bientôt après un sanctuaire en l'honneur de la Sainte Vierge, sous le vocable de « Nuestra señora de la Leche ». Ainsi furent jetées les fondations de la première ville des Etats-Unis. De cette époque date la véritable évangélisation des sauvages.

Deux classes d'ecclésiastiques se trouvèrent côte à côte dans la Floride : les prêtres séculiers, placés immédiatement sous la juridiction de l'évêque de Santiago de Cuba et plus tard sous celle de l'évêque de la Havane, et les prêtres réguliers soumis à leurs ordres respectifs. Les membres du clergé paroissial desservaient l'église de Saint-Augustin, et demeuraient comme chapelains dans les postes militaires où ils s'occupaient des soldats. Les religieux dominicains et jésuites se consacrèrent à l'œuvre d'évangélisation.

Les travaux du clergé séculier s'accomplirent dans d'assez étroites limites, car la population espagnole ne prit jamais beaucoup d'extension.

Les missionnaires et les martyrs, tous religieux, firent la gloire de l'Eglise de la Floride.

Dès l'année 1566, sur la demande de Philippe II, saint François de Borgia envoya plusieurs Pères jésuites. Deux d'entre eux, les Pères Segura et Louis de Quiros s'avancèrent jusqu'au fleuve Potomac et moururent martyrs.

En 1577, les Franciscains restèrent les seuls missionnaires de ces provinces.

Ces vaillants fils de saint François ne furent pas seulement des apôtres zélés, des martyrs courageux dans la confession de leur foi, ils se livrèrent encore avec ardeur à l'étude des langues floridiennes et publièrent plusieurs livres destinés à leurs convertis ; sous leur direction les Indiens disséminés sur une étendue de plusieurs centaines de milles dans l'intérieur des terres ouvrirent leurs cœurs à l'Évangile.

Il y avait dans la Floride, en 1634, trente-cinq religieux, quarante-quatre missions et trente mille convertis. En 1684, se tint à Cuba un concile qui eut force de loi pour la Floride et dans lequel furent rédigés plusieurs règlements destinés aux Indiens. Les attaques répétées des protestants, les révoltes de la tribu des Appalichicolas que les Anglais avaient soulevée contre les Espagnols détruisirent bientôt ces riches moissons d'âmes. D'autre part la guerre de la Succession d'Espagne (1702) eut un terrible contre-coup sur la terre d'Amérique. Des collisions sanglantes se produisirent entre les Castillans de la Floride et les colons des Carolines et de la Géorgie. La ville de saint Augustin fut brûlée, dix mille Indiens se virent transportés comme esclaves sur les marchés protestants, dix centres de populations disparurent complètement ravagés et plusieurs Pères franciscains massacrés en haine du Catholiscisme ajoutèrent leurs noms à la liste déjà glorieuse des témoins de la Foi chrétienne. La guerre de Septans (1742) qui mit aux prises encore une fois l'Angleterre et l'Espagne porta le dernier coup aux missions de la Floride. La Havane tomba au pouvoir des Anglais en 1762. Pour la recouvrer l'Espagne céda la Floride à l'Angleterre en 1763. Ce fut la ruine du Catholicisme dans cette région. Les Espagnols durent quitter le pays qu'ils avaient découvert et évangélisé ; mais les nombreuses églises qu'ils laissaient après eux étaient destinées à redevenir des foyers d'apostolat aux jours de la Renaissance catholique dont nous sommes les heureux témoins.

Article II

Le Nouveau-Mexique.

Le Nouveau-Mexique fut, après la Floride, le champ des labeurs apostoliques de l'Espagne. Dans cette partie des États-Unis, les religieux se trouvèrent en contact avec une population moins sauvage. Les ruines, encore existantes, des pueblos de ces régions, (l'Arizona, le Colorado, l'Utah et le Nouveau-Mexique), font l'étonnement des touristes et montrent qu'il dut y avoir chez les indigènes, au XVIᵉ siècle, un certain degré de culture. L'œuvre d'Évangélisation, dès lors plus facile, dut pourtant être fécondée par le sang des martyrs. Dès 1539 un franciscain, le Père Mark de Nizza, ancien missionnaire dans les expéditions de Pizarre au Pérou et d'Alvarado au Guatemala, commença seul, dans le but d'y répandre la Foi, l'exploration des parties septentrionales du Mexique, ouvrant ainsi la route au jeune conquérant Coronado. Une tradition Européenne racontait qu'un certain évêque de Lisbonne, après la conquête de l'Espagne par les Mahométans au huitième siècle, avait émigré avec une nombreuse suite de fidèles, dans un groupe d'îles de l'Atlantique et qu'il avait fondé sept splendides cités ; d'après une autre légende indienne qui courait au Mexique, les ancêtres des Indiens mexicains sortaient originairement de sept caves fameuses situées au Nord. L'opinion se répandit que les villes opulentes et les mystérieux souterrains pouvaient se découvrir dans la direction indiquée. Le Père de Nizza ayant rencontré, en effet, dans ses courses d'apôtre, quelques pueblos de Zunis dont il exagéra la richesse et l'importance ne contribua pas peu à affermir ces traditions fabuleuses dans l'esprit des aventureux Castillans. Ce fut assez pour hâter l'expédition de Coronado dont on peut lire dans Bancroft (18ᵉ volume) les pathétiques récits. Les missionnaires, inspirés par d'autres motifs, ne laissèrent point que d'accompagner les chevaleresques explorateurs. En 1542 un autre Père franciscain, Juan de Pedilla parvint au centre de l'État actuel du Colorado, évangélisa les tribus indiennes jusqu'au Kansas et aux frontières du Nebraska. Il ne fut arrêté dans ses travaux que par la mort subie pour sa foi. Ce vaillant missionnaire est vraiment le premier martyr de l'Église des États-Unis. D'autres prêtres avaient succombé aux labeurs de l'apostolat, épuisés de fatigue ou attaqués par les indigènes qu'ils évangélisaient, mais ils étaient attachés à des expéditions militaires et n'avaient pas commencé d'eux-mêmes et sans secours leurs travaux apostoliques.

A cette date, cinquante ans seulement après l'arrivée de Christophe Colomb, la Foi catholique avait rayonné sur toute l'étendue des états du Sud, depuis la baie de Chesapeake qu'Ayllon avait atteinte en 1526, jusqu'aux régions du Mississipi que de Soto parcourut, sans les connaître, l'année même de la mort du Père Padilla. Près de quarante ans s'écoulèrent sans qu'il fut possible d'y tenter de nouvelles missions ; mais en 1581, le Père Francis de Lopez et Juan de Santa Maria de l'ordre de saint François, pénétrèrent encore dans la contrée qui depuis porte le nom de Nouveau-Mexique. Comme leurs prédécesseurs, ils scellèrent de leur sang la Foi qu'ils venaient apporter. Don Juan Oñate, un des descendants de Cortez, accompagné de sept franciscains sous la direction du Père Martinez, réussit en 1588 à coloniser définitivement le pays. Santa-Fé, fondée en 1613, devint le centre civil et religieux de la nouvelle colonie. Alors seulement put commencer le grand travail des missions. Dès 1620, au moment de la création du siège épiscopal de Durango par le Pape Paul V, le nombre des Indiens baptisés s'élevait à vingt mille ; il y en avait trente mille en 1631, plus de cent mille depuis la première arrivée des missionnaires. Vers la fin du du XVIIe siècle, (1680), les incursions des Apaches, des Novajos et des tribus qu'ils entraînaient à leur suite, faillirent détruire tout cet édifice spirituel ; pendant douze ans sévit une cruelle persécution. Le nombre des martyrs fut considérable parmi les missionnaires et les fidèles Indiens. Sur soixante Pères franciscains dispersés dans ce vaste champ d'apostolat, vingt-un tombèrent victimes de l'insurrection. Il fallut, pour ainsi dire, une nouvelle conquête du pays, une réorganisation totale des missions. Tout était à reconstruire : églises, couvents et écoles. Les missionnaires se mirent à l'œuvre avec zèle. On vit alors les pauvres franciscains, infatigables ouvriers de l'Evangile, parcourir toutes les tribus pour ramener au Christ les peuplades indiennes. Ils logeaient dans de misérables huttes, mais ils gagnaient la confiance des Peaux-Rouges par l'héroïsme de leur dévouement. Sous leurs influences de nouveaux villages se fondèrent, les pueblos se repeuplèrent, des chapelles se construisirent. Il semblait que tout allait prendre une nouvelle vie sur ce sol bouleversé par une Révolution de douze années. Le christianisme pourtant ne put jamais entrer de nouveau dans les tribus des Zunis et des Moquis depuis la révolte de 1610. Les deux plus puissantes tribus mexicaines furent ainsi perdues pour l'Eglise.

Les annales de l'histoire religieuse du Nouveau-Mexique, pour la première moitié du XVIIIᵉ siècle ne contiennent que des récits rares et fragmentaires. L'événement principal mentionné par ces documents au point de vue ecclésiastique est la visite pastorale de l'évêque de Durango en 1725. Dans cette vaste étendue de territoire où l'Espagne s'était implantée, la cause de la religion, en 1763, ne semblait pas de nature à inspirer de grandes espérances ; nous avons vu comment déjà, à ce moment, la Floride venait d'être cédée à la protestante Angleterre, et comment les missions y avaient été presque complètement détruites. Le Nouveau Mexique, dépourvu d'une hiérarchie constituée, semblait laisser s'affaiblir sa foi. Le mal provenait surtout du désordre qui régnait parmi les colons espagnols. Le XIXᵉ siècle ne s'ouvrit point pour l'Espagne avec des perspectives meilleures de prospérité. Bonaparte obtint par force l'abdication du Roi pour placer sur le trône de Ferdinand son frère Joseph. Les révolutions de la mère Patrie se firent naturellement sentir dans les colonies espagnoles, et la religion en souffrit. — En 1820, Pedro Bautista Pino, premier député du Nouveau-Mexique, fit aux Cortés la demande de l'érection d'un Evêché et de l'établissement d'un séminaire à Santa-Fé. Il étudia même l'organisation dans le pays d'un système d'écoles. Sous son influence, le Parlement espagnol consentit, en effet, à la création d'un siège épiscopal et d'un séminaire diocésain ; mais le pouvoir de l'Espagne au Mexique touchait à sa fin et le projet des Cortés ne put se réaliser. En 1821, le Mexique devint indépendant de l'Espagne. Après un an, à la chute d'Iturbide, l'empereur éphémère qu'il s'était donné, le pays se proclama en République. Vittoria, président du congrés, organisa, en 1823, les Etats-Unis mexicains sur le modèle des Etats-Unis du Nord. En 1829, la Révolution était définitivement accomplie. La colonie du Nouveau-Mexique accepta et suivit la fortune de la colonie mère. Santa-Fé célébra par des fêtes solennelles sa naissance républicaine en 1822. L'action du clergé tout autant que les nobles efforts des religieux furent presque toujours paralysés par ces désordres politiques ; il fallait à l'Eglise une rénovation de vie et de force. Cette résurrection ne s'accomplit que lorsque le Nouveau-Mexique fut adjoint aux Etats-Unis américains par le Traité de la Guadeloupe en 1848.

Aux missions du Nouveau-Mexique il faut rattacher celles du Texas et de l'Arizona.

Le Texas (1) fut visité dès 1664 par le père franciscain

(1) Le mot de Texas, d'après Bancroft, ne serait autre chose que le nom d'une tribu appelée en espagnol Téjas. L'historien catholique des temps coloniaux en Amérique, Gil Mary Shea, affirme qu'il était plutôt l'expression dont se servirent les indigènes pour saluer les Espagnols à leur arrivée, en les nommant Téjas ou amis.

de Ormos qui avait accompagné l'expédition du capitaine espagnol Fernando de Soto en Floride. Toutefois la fondation réelle des missions dans ce pays ne date que de 1688, lorsque Alonzo Léon, gouverneur de la province mexicaine de Catahuila, reçut l'ordre de s'opposer à l'établissement des Français au Mississipi (1). Cette expédition dont le but était d'affirmer les droits de l'Espagne sur ce territoire aména l'Evangélisation de toute la contrée. Quatorze Pères franciscains, envoyés du Mexique, se consacrèrent à cette œuvre. En 1766 quatre grandes missions furent établies d'une manière permanente, dans le sud du Texas entre le fleuve Rouge et le fleuve Trinidad, par le Père Margil de Jésus. La sainteté de ce célèbre religieux, l'immensité de ses travaux apostoliques, les dons extraordinaires que le ciel lui avait prodigués, les miracles qu'il a opérés ont fait introduire à Rome la cause de sa canonisation. Au Texas comme au Nouveau-Mexique, les catholiques eurent beaucoup à souffrir des Apaches.

Sous l'influence des immigrants américains le pays se constitua en République indépendante en 1836. Son annexion aux Etats-Unis eut lieu en 1845.

Le territoire de l'Arizona appartenait à la province mexicaine de Sonora. Aujourd'hui, cette province américaine constitue l'évêché de Tucson dont le titulaire est un Lyonnais, bien connu de l'Association pour l'œuvre de la Propagation de la Foi : Monseigneur Granjeon.

Les annales de l'Eglise d'Amérique mentionnent comme le pionnier des missions de l'Arizona le Père « Kino » ou Khüen, d'après la prononciation allemande. Ce vaillant champion de l'Evangile en Amérique naquit à Trente. Il était entré dans la compagnie de Jésus dès après ses études

(1) La Salle descendit le Mississipi jusqu'à son embouchure en 1682. Le même explorateur, dans un second voyage en 1687, mit à la voile pour venir établir, le long du grand fleuve américain, une série de forts et de postes militaires, dans l'espérance qu'en réunissant ainsi le golfe du Mexique au Saint-Laurent il donnerait à la France le contrôle de tout l'intérieur du continent.

classiques faites en Bavière. Destiné à l'apostolat il eut pour champ primitif de ses labeurs la province de Sonora où l'ordre des Jésuites possédait de florissantes missions. D'un caractère d'étonnante énergie, d'un zèle que nul obstacle ne pouvait arrêter, il apparaît dans l'histoire, à côté du Père Margil de Jésus, comme l'un des plus remarquables missionnaires des Etats-Unis. Avec une intrépidité infatigable, il parcourut en tous sens et à plusieurs reprises le vaste territoire de l'Arizona, à la recherche des nombreuses tribus indiennes qui s'y trouvaient. Aussitôt en contact avec elles, il apprit leurs dialectes, traduisit en leur langue le catéchisme et des prières, et acquit peu à peu une telle compétence dans la connaissance de leurs idiômes, qu'il composa lui-même plusieurs vocabulaires indiens à l'usage de ses confrères et de ses successeurs. Aux sauvages, il apprit à cultiver la terre, à bâtir des maisons et à se construire des chapelles dans les endroits qu'il choisissait pour les rassembler et leur prêcher l'Evangile.

L'historien de la Californie, Clavigera (1), nous donne de ses voyages, une description que je ne puis m'empêcher de résumer ici. Ses courses apostoliques furent incessantes : il parcourut plus de vingt mille kilomètres et baptisa trente mille Indiens. Dans ses marches à travers montagnes, ou forêts, il ne portait qu'un peu de maïs pilé, dont il faisait toute sa nourriture.

Il n'omit jamais la sainte messe, ajoute son biographe, il ne coucha jamais dans un lit ; son repos, il le prenait à la belle étoile ou sur de simples planches dans les huttes qui l'abritaient. Sa communion avec Dieu était si constante qu'il se livrait la plus grande partie de la nuit à la contemplation ; le jour il passait tous ses moments de solitude à prier ou à chanter des psaumes. Cent fois, du matin au soir, il adorait le Saint-Sacrement. Il fut, en vérité,

____

(1) *Histoire de la Californie*, par Clavigera, Venise, 1787.

le François Xavier de l'Amérique. En parcourant le sud et l'ouest de l'Arizona, il prenait plaisir à donner aux sites indiens qu'il rencontrait des noms de saints, dans l'espérance que bientôt ces stations pourraient devenir des centres d'apostolat. De fait, il fut plutôt un avant-coureur ou un explorateur qu'un missionnaire à poste fixe. Il n'établit d'une manière permanente que deux missions : celle de saint François Xavier del Bac, et celle de San Miguel de Guérari. Elles se trouvaient entre Tombstone et Tucson. Le Père Kino mourut en 1711, il avait prédit longtemps à l'avance le jour de sa mort.

Après la suppression de l'ordre de saint Ignace, le gouvernement espagnol confia les missions des jésuites aux Pères franciscains (1767). L'un des plus célèbres religieux de saint François dans l'œuvre de l'évangélisation de cette province est le Père Garcez, digne émule du Père Kino. Les terres arizoniennes furent annexées aux Etats-Unis en 1853.

Article III

La Californie.

La découverte du golfe et de la Péninsule de la Californie suivit de près la découverte du Mexique par Cortez ; et pourtant la colonisation définitive de la Haute-Californie ne date que de 1769. Les indigènes n'étaient pas non plus une population indienne d'un caractère cruel et sauvage comme les Novajos et les Apaches qui firent tant de martyrs, mais leur corruption et leur apathie offrirent aux missionnaires des obstacles plus difficiles à surmonter peut-être que la persécution. L'histoire mentionne le Père franciscain Zuniperro de Serra comme le grand apôtre de cette province. Ses travaux furent immenses et son zèle pour la conversion des Indiens n'eut d'égal que son désir ardent du martyre. Parti du Mexique, il atteignit, après quarante-six jours de marche, San-Diégo où il fonda la première mission. En 1771, Monterey, situé plus au Nord, devint, sous sa direction un autre centre d'apostolat; en 1784, il fondait San-Francisco (1). Quarante ans après l'arrivée des fils de saint François, il y avait en Californie quatorze stations de missionnaires ; quinze mille Indiens convertis s'habituaient à une civilisation assez avancée dont on retrouve encore des traces en parcourant ces régions. Quels efforts et quel dévouement représentent ces résultats, Dieu seul le sait ! Les missions des franciscains en Californie rappellent un peu celles des Pères jésuites au Paraguay. Les pueblos indiens recevaient régulièrement la visite des Pères. Les Néophytes et les Baptisés se groupaient autour des établissements des missionnaires. Chaque station renfermait dans son enceinte une Eglise, un couvent, des écoles pour les garçons et pour les filles, et différents magasins. A quelque distance se trouvaient les présidios ou quartiers militaires composés chacun de deux cents soldats qui devaient au besoin accompagner les missionnaires dans leurs voyages. Les enfants des deux sexes recevaient une éducation assez complète dans laquelle la musique même avait sa place. Les parents étaient exercés à l'agriculture et à différents métiers. Tout se faisait sous le gouvernement paternel des missionnaires, qui, peut-être, ne surent pas assez préparer leur population indienne à une juste indépendance. Quand les autorités mexicaines, à la fin du xviiie siècle, sécularisèrent les missions en les enlevant aux religieux, les Indiens, privés de la direction à laquelle les Franciscains les avaient ac-

(1) Au moment même où les Fondateurs de la République américaine rédigeaient l'acte solennel de la déclaration de l'indépendance, un humble franciscain fondait la mission devenue la grande ville de San Francisco. Le premier monument érigé sur le terrain où s'élève aujourd'hui la Reine du Pacifique fut l'Eglise de Dolores. Ce vieil édifice espagnol est encore de nos jours l'un des plus intéressants monuments de la Cité. Cette année (1904), la municipalité de San-Francisco vient de voter l'érection d'une statue au R. P. Zuniperro de Serra.

coutumés, s'affaiblirent dans la Fói qu'ils avaient reçue de leurs premiers prédicateurs. De 1808 à 1824 s'organisa un clergé paroissial, plus ou moins étranger aux méthodes des Pères. Le premier Evêque nommé, Don Garcia Moreno, s'établit à Santa Barbara dans l'intention de fonder un séminaire et de bâtir une cathédrale. Il mourut en 1846 sans avoir pu réaliser son projet. Deux ans après, à l'issue de la guerre des Etats-Unis avec le Mexique, la Californie fut annexée à la République Américaine, et entra dans une ère de renaissance religieuse qui donne aujourd'hui les plus heureux résultats.

Tel est le tableau succinct des missions espagnoles. Elles durèrent plus de trois siècles, de 1520 à 1840, et comprirent tout l'immense territoire qui a formé les Etats actuels de la Floride, de l'Alabama, du Texas, du Nouveau-Mexique, de l'Arizona et de la Californie. Les Indiens, au nombre de plusieurs centaines de mille, furent convertis et préparés à la civilisation. Si les héroïques labeurs des missionnaires, souvent scellés de leur sang, n'ont pas produit tous les fruits durables qu'on en pouvait attendre, il faut en chercher la cause dans des faits extérieurs. La sécularisation trop brusque des missions par le gouvernement espagnol, les conflits de l'Espagne avec les pays étrangers, les révolutions politiques et les guerres indiennes : ce furent là les plus sérieux obstacles au succès final. La grandeur du dévouement apostolique demeure et ne commande pas moins la plus légitime admiration.

CHAPITRE II

LES MISSIONS FRANÇAISES

L'apostolat de la France chez les Indiens des Etats-Unis ne fut ni moins glorieux, ni moins étendu que celui de l'Espagne. Il en diffère cependant profondément par sa méthode et son caractère. Tandis que l'Espagne ne sépara jamais la conquête spirituelle de la conquête matérielle, jetant, en même temps, sur le sol américain soldats et missionnaires, la France sembla vouloir s'établir au Nouveau-Monde d'une manière plus pacifique. Elle s'adjoignit le prêtre pour apporter à l'Indien la foi, tout en étendant son commerce et se créant un empire colonial. L'œuvre d'évangélisation française se rattache aux missions du Canada, pays exploré par Jacques Cartier en 1534 et par Champlain en 1604. Le premier groupe de Jésuites appelé par les Récollets arriva en 1625. En 1628 Québec tomba entre les mains des Anglais, mais cette ville fut rendue à la France en 1632. Avec les Français à Québec, revinrent les Jésuites qui firent désormais de ce poste le centre de leurs travaux évangéliques dans l'Amérique du Nord. Dix ans après, en 1644, fut fondé Montréal où arrivèrent, avec Maisonneuve, les Sulpiciens. Ces deux cités canadiennes, Québec et Montréal, et ces deux compagnies de prêtres, jésuites et sulpiciens, furent les sources d'où se répandirent au Canada et dans les provinces des États-Unis la Foi et la vie catholique.

Deux routes conduisirent les prédicateurs de l'Evangile sur le territoire actuel de la république américaine. La première fut frayée par Champlain lui-même. Il remonta le fleuve Saint-Laurent jusqu'à l'Otawa, traversa le lac Nipissing et gagna par terre le lac Huron, d'où il lui était facile d'atteindre la partie ouest du lac Supérieur ou la partie sud du lac Michigan. De ces deux points, des cours d'eaux pouvaient le transporter jusqu'au Mississipi. S'il n'eût craint de rencontrer les Iroquois, peuplade qu'il s'était aliénée en prenant parti pour les Algonquins lors de la bataille de Ticondiraga (1609), il eut pu s'avancer vers l'ouest par l'itinéraire que suivit plus tard La Salle, c'est-à-dire par le Saint-Laurent et les lacs Ontario, Erie, Huron et Michigan. Cette voie ne devint praticable que lorsque

Frontenac, gouverneur du Canada, eut vaincu les Iroquois (1697), et que La Salle eut établi des postes militaires depuis le Saint-Laurent jusqu'au golfe du Mexique.

La deuxième route du Canada aux Etats-Unis, mieux connue peut-être, passait au sud du Saint-Laurent et conduisait à la Baie de New-York par le fleuve Richelieu, les lacs Champlain et Georges, et le fleuve Hudson. On distingue dans les missions de la France aux Etats-Unis, comme dans les missions espagnoles, trois groupes principaux : Le groupe de l'Est dans le Maine, le groupe du Centre dans l'Etat de New-York, et le groupe de l'Ouest sur les bords des grands lacs, y compris les missions de la Louisiane.

Article 1er

Les missions de l'Est dans le Maine.

Le Maine était le territoire de chasse de la tribu des Abénakis à laquelle se rattache celle des Penobscotts. Le premier établissement français sur les côtes de cet Etat date de 1604. A la demande de Henri IV, deux prêtres avaient accompagné l'expédition du protestant de Monts, au service duquel était Champlain. La mission fondée dans une île appelée aujourd'hui Douchet Island, porta le nom de Sainte-Croix. En 1609, douze ans avant l'arrivée des Puritains dans la Nouvelle-Angleterre, deux Jésuites, les Pères Biard et Massé s'établirent à Port-Royal dans l'Acadie. Pour échapper aux vexations des colons protestants, ils se dirigèrent vers le sud, en 1613, et arrivèrent à une île qu'ils appelèrent Saint-Sauveur ; cette île est située près de l'embouchure du Penobscott. C'est là que les Anglais de Virginie vinrent les surprendre pour les expulser d'un territoire auquel ils prétendaient avoir droit (1).

____

(1) Le premier navigateur au service de l'Angleterre qui visita ces côtes fut Jean Cabot, capitaine gênois. Il y aborda en 1497, mais il est à peu près démontré que bien avant cette expédition, les

Les missions de Port-Royal et de Saint-Sauveur furent détruites, non sans avoir donné naissance à cette forte race acadienne dont l'héroïsme national a souvent inspiré les chants des poëtes et l'enthousiasme des patriotes. Quarante ans s'écoulèrent avant qu'on pût tenter un nouvel effort.

En 1646 seulement, à la demande des Indiens eux-mêmes, le Père Druilhette de la Compagnie de Jésus fut envoyé de Québec, et établit une mission sur le fleuve Quénébec à Norridgewock. De 1652 à 1688, par suite des conflits incessants entre la France et l'Angleterre pour la possession du Maine, les missions furent encore interrompues, ou du moins aucun missionnaire ne résida à poste fixe chez les Abénakis et les Penobscotts ; mais les fréquentes visites de ceux-ci aux missions du Saint-Laurent, ou chez les Pères jésuites de Québec, les maintinrent dans la Foi catholique. Les travaux d'évangélisation recommencèrent en 1688 sur trois points à la fois : à Norridgewock sur le Quénébec, à Pentagoëtt sur le Penobscott et à l'embouchure du fleuve Saint-Jean. De 1688 à 1763, eurent lieu à diverses reprises de sanglantes hostilités entre les colonies américaines de la France et de l'Angleterre ; elles devaient, hélas ! nous enlever un immense empire dont la puissance eût prodigieusement servi la diffusion de la Foi. Frontenac, nommé par Louis XIV gouverneur du Canada, reçut l'ordre de s'emparer de New-York, récemment cédé aux Anglais par les Hollandais. Il dut pour cela attaquer et soumettre les cinq nations iroquoïses, ce qui détruisit, ou du moins affaiblit, comme nous le verrons tout à l'heure, l'œuvre de la conversion de ces tribus sauvages. Lorsque la paix d'Utrecht eut donné à l'Angleterre

Bretons et les Basques avaient abordé sur le littoral américain. Ce qui est certain c'est que Denis Honfleur, navigateur normand, explora le golfe Saint-Laurent en 1506. Ce ne fut qu'en 1560 que Hawkins fit quelques essais colonisateurs dans ces régions, au nom de la Grande-Bretagne.

la Nouvelle-Ecosse, Terre-Neuve, la baie d'Hudson et le protectorat de cinq nations, les Indiens du Maine qui se refusaient à reconnaître les droits de la Grande-Bretagne entreprirent la guerre contre les colons du Massachussetts. C'était à coup sûr d'un admirable patriotisme ; mais, dans cette lutte inégale, leurs villages furent incendiés, leurs églises détruites, et le Père Râle, leur fidèle missionnaire, mis à mort, à Norridgewock, en 1724. Ce glorieux apôtre du Maine nous rappelle les Margil de Jésus et les Mark de Nizza par la grandeur de ses travaux et l'héroïsme de son dévouement. Né en Franche-Comté en 1667, il entra de bonne heure dans la Compagnie de Jésus et vint au Canada à l'âge de trente ans. Après avoir passé quelque temps chez les Abenakis émigrés à Québec, et évangelisé les Illinois au delà du lac Michigan, il fut envoyé chez les Indiens du Maine, où il passa le reste de sa vie. Les auteurs protestants l'ont accusé d'avoir injustement soulevé contre l'Angleterre les tribus qui lui avaient donné leur confiance ; l'Histoire impartiale nous le montre seulement fidèle jusqu'à la mort à sa mission d'apôtre pour sauver la foi menacée de son troupeau. La paix indienne de 1726 permit une troisième fois de rétablir les missions. En 1763, après le traité de Paris qui enlevait à la France le Canada et les vallées de l'Ohio et du Mississipi, les tribus du Maine demeurèrent longtemps sans prêtres résidants. Quelques missionnaires de la Nouvelle-Ecosse, parmi lesquels plusieurs Sulpiciens, y venaient de loin en loin, en secret, car les lois pénales des Puritains contre le catholicisme étaient alors en pleine vigueur. Les Indiens, de leur côté, faisaient de fréquentes visites à Québec et conservaient ainsi leur foi dans toute sa pureté. Lors de la rupture des colonies anglaises avec la métropole, les Abenakis et les Penobscotts, oubliant les griefs qu'ils avaient contre les Américains, s'unirent à eux dans la guerre d'indépendance contre l'Angleterre. Plus tard, ils envoyèrent à Monseigneur Corall, premier évêque de Baltimore, le crucifix du Père

Râle en lui demandant un missionnaire. L'abbé Ciquart de Saint-Sulpice, quelque temps après l'abbé de Cheverus, futur cardinal archevêque de Bordeaux, et le Père Matignon devinrent leurs nouveaux Apôtres. Aujourd'hui un millier de leurs descendants chantent encore le Credo catholique à Old-Point, Pleasant-Point et Louis-Island dans le diocèse de Portland.

Article II.

Missions du Centre dans l'Etat de New-York.

Après le Maine, la province de New-York est le plus ancien théâtre des labeurs apostoliques de la France dans les Etats-Unis. C'était la terre des cinq nations iroquoises considérées comme les plus cruelles et les plus puissantes parmi celles de l'Est du Continent américain. Les missions entreprises pour leur conversion se rattachent à celles qui furent prêchées aux Hurons riverains des grands lacs. En 1623, trois Récollets, les Pères Viel, Le Caron et Sayard, qui avaient accompagné Champlain dans son expédition de 1614, arrivèrent chez les Hurons du Niagara. En 1625, ils appelèrent à leur aide les Jésuites auxquels ils cédèrent bientôt ce vaste champ d'apostolat. Le Père de Brébeuf, un des plus célèbres missionnaires et des plus glorieux martyrs de l'Amérique du Nord, était en 1628 chez les Hurons au Sud de la baie de Georgie. De Québec, les fils de saint Ignace rayonnèrent dans toutes les directions et ne tardèrent pas à occuper le vaste territoire qui constitue aujourd'hui l'Etat de New-York.

Comme je l'ai indiqué plus haut, la fatale expédition de Champlain (1609) contre les Iroquois, en faveur des Hurons leurs ennemis, avait laissé dans les cœurs de ces tribus sauvages une haine profonde du nom français. Les missions devinrent plus difficiles. Le sang coula en abondance sur cette terre inhospitalière. La première victime de l'apostolat catholique et français fut le Père Jogues.

Fait prisonnier par les Mohawks au retour d'un voyage chez les Hurons, il est promené de village en village, torturé, déchiqueté, et brûlé à petit feu. Abandonné ensuite, il erre çà et là dans les bois, chantant des psaumes, et gravant dans l'écorce des arbres le nom de Jésus pour consacrer à Dieu le pays qui le persécute. Il devient ensuite esclave de quelque famille sauvage. Délivré, après quinze mois de captivité, par les Hollandais de la Nouvelle Amsterdam, (ancien nom de New-York), il est envoyé en France en 1644, mais en 1646 il revient fonder une mission nouvelle chez ses persécuteurs qui, cette fois, le mettent à mort après l'avoir soumis à d'affreux supplices. Au printemps de 1644, le Père Bressani subit le même sort que le Père Jogues. Il écrivait du fond de sa captivité au Supérieur général de Rome : « Je ne sais si votre Paternité pourra reconnaître l'écriture d'un de vos enfants que vous connaissiez bien autrefois. Ma lettre est mal écrite et salie, l'auteur n'a plus qu'un doigt dont il se sert, il ne peut arrêter le sang qui coule de ses plaies ». Ses bourreaux en effet lui mutilèrent les mains, le flagellèrent, puis le placèrent nu sur une estrade pour le donner en spectacle à la foule sauvage ; ils le forçaient à chanter pendant qu'ils enfonçaient dans sa chair meurtrie des morceaux de bois pointus. Ces scènes se renouvelèrent pendant une semaine. Après huit jours de tourments, le Père Bressani fut brûlé à petit feu ; chaque partie du corps était soumise aux flammes jusqu'à ce qu'elle se détachât. On le pendit ensuite par les pieds, encore vivant, et après avoir placé de la nourriture sur son corps, les Iroquois l'exposèrent à des chiens affamés qui lui déchirèrent les chairs. « Je n'aurais jamais cru, disait le martyr, qu'un homme pût résister si longtemps à la mort. » Les Hollandais du Port Orange purent racheter cette victime qui respirait encore. Ramené en France, l'héroïque prêtre en revint un an après pour se dévouer encore aux missions des Hurons.

La soif du martyre, devant laquelle le monde s'arrête

stupéfait parce qu'il ne la comprend pas, dévorait ces religieux, dignes successeurs des apôtres des premiers siècles. La cause de béatification du Père Bressani et du Père Jogues a été introduite à Rome par les Pères du troisième concile national des Etats-Unis, en 1884.

Les Iroquois, enivrés de sang, devinrent de plus en plus hostiles à la France ; ils envahirent le Canada en 1649, et détruisirent la tribu des Hurons (1), alliée des Français. Rien ne put arrêter cependant le zèle des valeureux fils de saint Ignace, lancés à la conquête des âmes. La paix conclue en 1653 permit à quatre Pères jésuites d'établir une mission chez les Onondagas, dont le chef Garakontie se convertit et devint lui-même un instrument d'apostolat. Grâce à son influence et à celle des Hurons fidèles qui s'étaient incorporés à la nation Iroquoise, un grand nombre d'Indiens embrassèrent la foi, parmi les Cayugas, les Sénécas et les Onéidas. Tel fut le premier résultat des grandes missions de New-York. En 1666, les Pères jésuites reprirent l'évangélisation des Mohawks. A l'endroit même où le Père Jogues avait trouvé la mort et où s'élève maintenant la ville de Syracuse, ils fondèrent une mission qui prit le nom de Sainte-Marie-des-Martyrs. Leur succès fut complet. La tribu des Mohawks vit s'épanouir l'une des plus belles fleurs de pureté dont s'honore l'Eglise américaine. C'est la vierge Tchgahkuita, appelée la Sainte Rose de l'Amérique du Nord. Sa vie a été écrite par le Père Chaucetière et publiée à New-York en 1886. Son nom est joint à ceux des Pères Bressani et Jogues dans la demande faite à Rome de l'introduction de leur cause.

A la fin de l'année 1668, chacune des cinq nations avait sa chapelle et sa mission. Rien n'égala la ferveur chré-

---

(1) La tribu des Hurons disparut sous les coups de leurs sauvages ennemis. L'histoire raconte le martyre des Pères Brebeuf, Lallemand et Daniel. La vie de ces apôtres avait été un héroïsme continuel ; leur mort et surtout celle du Père Brebeuf fit l'étonnement de leurs bourreaux eux-mêmes.

tienne de ces sauvages convertis. La grâce produisit parmi
eux des merveilles de transformation morale. Des chants
religieux résonnèrent où s'étaient fait entendre des cris de
mort contre les Robes-Noires ; l'héroïsme d'abnégation et
de charité que cette conquête pacifique des âmes suppose
dans ces vaillants religieux français, qui pourra le dire?
ils furent alors ce qu'ils sont aujourd'hui, ce qu'ils ont
été partout : la plus pure gloire de l'Eglise et de la patrie. (1) Pour échapper aux séductions païennes et aux influences dangereuses du protestantisme anglais, beaucoup
de chrétiens Iroquois et Hurons émigrèrent sur les bords
du Saint-Laurent. On retrouve encore leurs descendants
à Sault Saint-Louis, à Coughnawaga et au lac des deux
montagnes, sous la direction des Sulpiciens et des Laza-
ristes. Les guerres de Frontenac contre les Anglais et les
Iroquois, leurs alliés, portèrent un coup fatal aux missions de New-York. Les Pères jésuites durent se retirer.
Le dernier d'entre eux fut le Père de Lamberville, qui
continua ses labeurs apostoliques jusqu'en 1687. Quelques
prêtres attachés aux postes militaires français, le fort
Duquesne, le fort de la Présentation, actuellement Odens-
burg, purent encore se livrer à des travaux partiels d'évangélisation ; mais le temps de la prospérité religieuse était
passé. Bientôt la France vaincue sur les hauteurs qui do-
minent Québec, dans la fameuse bataille des plaines
d'Abraham, dut céder ces vastes colonies à la Grande-
Bretagne. Le traité de Paris (1763) nous enleva notre immense empire américain.

Ce fut la fin des tribus indiennes. Des familles de Sénécas, de Tuscarocas et d'Onéïdas vivent encore sur cette
terre où régnaient leurs ancêtres. On rencontre un certain
nombre de Mohawks dans la province d'Ontario. Là donc,
comme partout ailleurs en Amérique, l'œuvre de Dieu pé-

(1) On peut voir les comptes rendus de ces miracles de conversion, dans le 3eme volume des *Relations des Pères Jésuites* de 1668-
1678.

rit ou périclita par suite des rivalités de deux nations chrétiennes et des intrigues d'une politique trop exclusivement humaine.

Article III.

Missions de l'Ouest et de la Louisiane.

Les différents centres de missions de l'ouest sont tous situés sur une ligne qui partirait du lac Supérieur pour aboutir à la Nouvelle-Orléans. On peut diviser ces missions en trois groupes aussi : les missions de l'Otawa, celles de l'Illinois et celle de la Louisiane proprement dite.

1° *Missions de l'Otawa.* — En 1641, quelques Chippewas, impressionés par la conversion des Hurons, appelèrent chez eux les « Robes-noires. » Ce fut le commencement des grands travaux accomplis au XVII° siècle par des prêtres et des religieux de France dans cette contrée, où tant de rivières, de villes et de villages portent encore des noms français. Une véritable armée de jésuites s'élança à la conquête des âmes. Il faut citer, parmi les plus célèbres missionnaires, le Père Maynard, massacré par les sauvages, en 1654, dans un voyage qu'il avait entrepris à la recherche des Hurons ; le Père Allouez, fondateur de la mission de la Pointe, au sud du lac Supérieur, et apôtre de plus de vingt nations différentes; les Pères Marquette et Druilhette, organisateurs des missions à l'est du lac Michigan; le Père Nicolette, qui, partant de Québec sur une pauvre barque, vint à travers mille périls fonder la célèbre mission du Sault Sainte-Marie sur les bords du lac Michigan. C'est à côté du drapeau national que ces pionniers de la civilisation chrétienne plantèrent le drapeau de Jésus-Christ au chant du *Vexilla Regis*, dans ces immenses régions que nous devions bientôt nous laisser ravir. Si dans ces contrées du Nord-Ouest il n'y a pas eu de martyrs comme dans l'Etat de New-York, les hérauts de l'Evangile y souffrirent peut-être plus que partout ailleurs des rigueurs du climat, de la longueur des voyages et de la corruption des Indiens. On peut lire les récits de leurs courses évangéliques, dans un ouvrage protestant et souvent partial mais riche de documents et de détails graphiques : *The pioneers of France in the New World*. De 1669 à 1682, eurent lieu, vers le Sud, les grandes explorations de Joliet et de Cavalier de La Salle, qui ouvrirent un champ plus vaste encore aux missions catholiques françaises. En 1669, La Salle et deux prêtres de Saint-Sulpice du Canada commencèrent leurs voyages à la recherche du grand fleuve dont leur avaient parlé les Indiens. C'était le Mississipi. L'expédition ne put aboutir. Quoi qu'il en soit, l'idée et la volonté de cette découverte leur appartiennent; le fait et la gloire : l'histoire a le droit de les attribuer au célèbre Père Marquette de la Compagnie de Jésus. Quelques mois après en effet, en 1670, l'illustre Jésuite remonta avec Joliet la vallée des grands lacs jusqu'à Green-Bay (la baie verte) et, par le Missouri, atteignit le Mississipi. Après avoir découvert le Missouri, l'Ohio, l'Arkansas, évangélisé de nombreuses peuplades, il revint mourir d'épuisement, en 1675, au Sud du lac Michigan, dans une pauvre hutte indienne.

Un prêtre de Saint-Sulpice, quelques années plus tard, s'agenouillait devant ces restes précieux d'un héros et d'un saint, et plantait une croix sur sa tombe. Les révotions et les guerres indiennes firent perdre de vue ces reliques, mais leur emplacement fut retrouvé en 1817. La statue du glorieux explorateur français orne la ville de Détroit, et le gouvernement de Washington n'a pas craint de faire frapper en son honneur des timbres qui le représentent un crucifix à la main comme un apôtre de l'Evangile.

La Salle lança bientôt encore sa frêle barque sur les fleuves à travers le continent américain. Des Sulpiciens et des Récollets l'accompagnèrent. Plus de vingt mille Indiens furent évangélisés dans ces courses apostoliques, qui étendirent les possessions françaises des grands lacs du Nord jusqu'au golfe du Mexique, et des Alleghanies aux montagnes rocheuses.

II° *Les Missions illinoises.* — Sous le nom de missions illinoises on doit comprendre tous les travaux entrepris pour l'évangélisation du territoire qui correspond aux Etats actuels de l'Illinois, de l'Indiana et de l'Ohio. Les Indiens de ces régions appartenaient à la race algonquine dont les principales tribus étaient les Péorias, les Kikapoos, et les Kaskakias. L'un des plus remarquables missionnaires fut le Père Mermet dont Bancroft lui-même parle avec admiration au troisième volume de son histoire des Etats-Unis. Rien n'est plus édifiant que la description de ses sollicitudes paternelles à l'endroit des sauvages. A l'aurore, les Indiens arrivaient joyeux pour assister à la messe ; à midi avait lieu l'instruction catéchistique ; puis, au milieu des cantiques, le missionnaire baptisait les enfants. Le lendemain, il repartait, le bréviaire à la main, le crucifix sur la poitrine, à travers les forêts ou les prairies. Deux sauvages l'accompagnaient et prenaient avec lui leur repas fait de blé d'Inde et de poissons. Encore ici qui dira jamais les sacrifices de cette vie d'apôtre ! Presque tous les Illinois se convertirent au catholicisme et se formèrent à la civilisation. Les Français s'allièrent à eux par des mariages et, aujourd'hui même, le sang de quelques chefs de ces tribus de l'Ouest coule dans les veines des meilleures familles françaises de l'Illinois et du Missouri.

III° *La Louisiane.* — Les Indiens de la Louisiane proprement dite, province qui s'étendait de l'Illinois jusqu'au golfe du Mexique, appartenaient à la famille des Maskokis. On y distinguait, comme il a été dit plus haut, trois confédérations : les Chikasaws, les Choctaws et les Criks. Les Pères des missions étrangères de Paris, sous la juridiction de l'Evêque de Québec, et les Pères Jésuites évangélisèrent ces tribus en même temps que les Arkansas et les Appalaches.

Il y eut parmi ces ouvriers de l'Evangile plusieurs martyrs dont les noms ont été conservés à la postérité, comme l'abbé Foucault, du séminaire des Missions, le Père Saint-Cosme, Jésuite, et bien d'autres (1). Les Ursulines de France, appelées dans cette ville par le Père de Beaubois de la Compagnie de Jésus, y établirent leur première école supérieure (2).

La ville de la Nouvelle-Orléans fut fondée par d'Iberville, en 1717.

Sous le nom de Louisiane, toute la partie située à l'Ouest du Mississipi fut donnée à l'Espagne par le traité de Paris, (1763), et placée sous la juridiction de l'Evêque de Santiago. Cet immense territoire revint à la France en 1803 ; mais vendu presque immédiatement par Napoléon aux Etats-Unis, il tomba sous le gourvernement ecclésiastique de Monseigneur Carroll, évêque de Baltimore. De la Louisiane se sont formés de nombreux Etats : La Louisiane proprement dite, l'Iowa, le Kansas, le Nebraska, le Wyoming, le Montana, les deux Dakotas, et, en partie le Minnesota, le Colorado et le Territoire Indien. La France, en cédant à l'Angleterre (1763) les contrées comprises entre le Mississipi et l'Ohio, y avait cependant sauvegardé les droits sacrés de la liberté religieuse. Le traité de Paris stipulait, en effet, que les Catholiques de ces régions devaient jouir des mêmes privilèges qu'ils avaient possédés sous le gouvernement français. Plus tard ces mêmes traités furent reconnus par les colonies anglo-Américaines dans « l'Acte de Québec » (1774).

Tel est à grands traits le tableau des missions françaises dans l'Amérique du Nord. Les guerres entre nations chré-

---

(1) Voir le P. de MONTIGNY, *Relation de la mission du Mississipi en 1700* — volume publié à New-York en 1861, et le cardinal TASCHEREAU, *mission du séminaire de Québec chez les Indiens sur le bord du Mississipi*. Québec, 1849.

(2) Voir TRANCHEPAIN : *Relation des voyages des premières Ursulines*. New-York. — Père GRASSIER : *Relation du voyage des Dames Ursulines en Amérique*. Paris.

tiennes, la suppression de la Société de Jésus, peut-être aussi, comme dans les colonies espagnoles, les rivalités trop évidentes entre le clergé régulier et le clergé séculier diminuèrent quelquefois les résultats de tant de nobles efforts ; mais il n'en est pas moins vrai que les missionnaires français ont fait pénétrer le christianisme et la civilisation dans une région aussi étendue que les Indes de Dupleix et de Lally-Tolendal (1). Si glorieuse que soit l'œuvre de la catholique Espagne en Amérique, elle ne peut diminuer l'éclat de l'héroïsme français qui donna à l'Eglise presque la moitié du continent américain à l'est du Mississipi.

CHAPITRE III

MISSIONS ANGLAISES

Bien faibles, on le sait, furent les commencements de la République des Etats-Unis. Quelques compagnies marchandes, à la suite des premiers explorateurs de la Grande-

(1 On peut consulter sur l'histoire des missions françaises :

Le Père CHARLEVOIX S.-J. *Histoire générale de la Nouvelle-France.* Paris, 1774.

Mgr. l'Evêque de QUÉBEC : *Etat présent de l'Eglise et de la colonie française dans la Nouvelle-France.* Paris, 1688.

Le P. SAGARD : *Grand voyage au pays des Hurons ;* Paris, 1865.

LA PAGE DE PRATZ : *Histoire de la Louisiane ;* Coutumes et religion des naturels. Paris, 1758.

Le F. Charles LECLERCQ, *Récollet :* *Etablissement de la foi dans la Nouvelle France,* contenant l'histoire des colonies françaises avec relation des voyages pour la découverte du Mississipi ; Paris, 1690

Pierre MARGRY : *Découvertes et établissements des Français dans l'ouest et le sud de l'Amérique septentrionale.* Paris, 1879,

SOMENAC : *Journal d'un missionnaire au Texas et au Mexique.*

Relations du P. BRESSANI. Montréal, 1852.

FAILLON : *Histoire de la colonie française.* Montréal, 1869,

Bretagne, s'établirent, à la fin du xvi° siècle, dans la Virginie et la Nouvelle-Angleterre. Ce fut là tout le noyau d'une nation destinée à peupler cet immense continent, Les possessions des Compagnies devinrent sous Jacques Ier des colonies royales. Leurs accroissements successifs furent dus, soit à des concessions nouvelles du gouvernement anglais, soit à l'émigration de ceux qui s'arrachèrent à leur patrie persécutée, soit aux conquêtes sur la France et les Pays-Bas. Ainsi se fondèrent les Etats de Rhode-Island, Connecticut, New-Hampshire, Maine, Pensylvahie, Delaware, New-York, Virginie, New-Jersey, la Géorgie, Massachussetts et les deux Carolines. La caractéristique de ces colonies fut un amour intense de la liberté civile et politique. Dès l'origine, elles se donnèrent pour la plupart un gouvernement démocratique sans même le recours au Roi ; et quand, dans la suite, elles dépendirent de la Couronne d'Angleterre d'une manière plus immédiate, elles ne cessèrent, soit par les armes, soit par les assemblées législatives, de protester contre l'empiètement de la couronne sur leurs droits. Cependant, dans ces sociétés protestantes où l'Eglise s'identifiait à l'Etat, le concept même de la liberté religieuse semblait ne point être compris. Le Catholicisme y fut presque partout proscrit. Sa naissance dans les possessions anglaises date de la colonisation du Maryland au xviie siècle. Déjà, en 1584, quelques catholiques anglais étaient venus s'établir dans le Maine pour échapper aux persécutions religieuses de leur pays. Un second essai de fondation de colonie avait eu lieu, en 1605, sous le patronage de Lord Arundel de Wardour, et un troisième en 1617. Aucune de ces tentatives n'avait pu réussir. Enfin en 1634, le 25 mars, jour

HAWLEY : *Early chapters of Mowahks history.*
PARKMAN : *The Jesuites in North America.*
MARGRY : *Origines françaises des pays de l'Amérique du Nord.* Paris, 1788.
GRAVIER : *Journal de voyage.* New-York, 1859.

de l'Annonciation, Lord Cecil Baltimore, héritier de Lord Calvert, à qui Jacques Ier avait fait des concessions de terre sur le Nouveau-Continent aborda, avec deux petits vaisseaux l'*Arche* et la *Colombe*, au point où le fleuve Potomac se jette dans la baie de Chesapeake. Le document officiel de la concession royale délimitait d'une manière précise les frontières de la nouvelle colonie : au Nord, 40° degré de latitude ; à l'Ouest, la ligne partant de 80° de longitude et se dirigeant vers le Sud à la source la plus éloignée de Potomac et, de là, à la baie de Chesapeake ; à l'Est, l'Océan, la Baie et le fleuve Delaware. Ces limites comprenaient l'état actuel de Delaware, une large portion de territoire dépendant aujourd'hui en partie de la Pensylvanie et en partie de la Virginie Ouest, et tout l'état du Maryland. La charte royale dont avait été pourvu Lord Calvert était la plus libérale qu'ait jamais donnée la Couronne d'Angleterre. Tous les pouvoirs, législatif et exécutif, lui étaient confiés pour l'administration de la colonie. Reconnu comme seul propriétaire, il était libre de régler les impôts, à la seule condition d'une réserve du cinquième de tous les métaux trouvés, réserve que se faisait le gouvernement de Londres, comme reconnaissance du droit féodal. Deux Jésuites, les Pères White et Altham, accompagnaient les colons. La « Relatio itineris » du Père White, découverte en 1822 dans les archives de la maison professe de l'Ordre à Rome, est l'autorité principale sur laquelle repose la première histoire du Maryland. Dès le début, le fondateur de la colonie affirma par deux actes importants les conditions auxquelles il croyait pouvoir assurer la paix religieuse sur la terre Marylandaise. Déjà dans la première colonisation à Terre-Neuve, Lord Baltimore avait amené avec lui des ministres de religion, catholiques et protestants. Partisan sincère de la liberté de conscience qu'il était venu chercher avec ses colons dans le Nouveau-Monde, Lord Calvert, lui aussi, ouvrit une large hospitalité aux Puritains persécutés de la Virginie et aux quakers chassés de la Nouvelle-Angleterre. La protection du gouverneur, donnée au culte catholique dans les précédentes colonisations, avait failli tout compromettre en suscitant les jalousies violentes de la Réforme. Eclairé par cette expérience, Lord Cécil laissa les colons libres de se choisir leurs ministres et leurs prêtres. Comme lord propriétaire il ne voulut exercer aucune action à cet égard. Il informa le Général des Jésuites à Rome et le Père Provincial en Angleterre qu'il ne donnerait aucune subvention au clergé, et que les membres de la Compagnie ne pourraient espérer aucun subside ni des hérétiques hostiles à la Foi, ni des catholiques, pauvres pour la plupart, ni des sauvages indiens qui vivaient comme des bêtes fauves. Il leur reconnaissait pourtant, comme aux autres colons, le droit d'acquérir des domaines dont ils pourraient retirer un revenu suffisant pour leur entretien et pour leurs œuvres. La liberté des cultes et une certaine indépendance de l'Etat s'imposaient dans une société composée de tant d'éléments divers, alors que, partout ailleurs, l'intolérance faisait de si nombreuses victimes. L'Eglise Américaine est née, a été bercée, pour ainsi dire, dans la liberté. C'est elle qui, sur cet immense Continent, en a fait profession la première et en a donné le noble exemple. Ces deux caractères de la fondation de la colonie du Maryland expliquent déjà l'esprit de l'Eglise catholique en Amérique. D'une part, séparation de l'Eglise et de l'Etat, non dans le sens d'indifférence ou d'antagonisme, mais sur le terrain d'une simple entente cordiale qui exclue toute ingérence indue de la société civile dans la société religieuse ; d'autre part, union intime du clergé et du peuple fidèle créée par la nécessité de trouver en dehors d'un budget de l'Etat les ressources nécessaires au culte.

Sous ce régime, inauguré par la colonie catholique et imité plus tard par la Pensylvanie, tout semblait promettre le développement de l'Apostolat et, par suite, un acheminement rapide vers l'établissement de la Hiérarchie ecclésiastique. Il fallut cependant plus d'un siècle pour permettre à l'Eglise de se constituer régulièrement dans les colonies anglaises.

Entre temps, les Pères Jésuites s'adonnaient avec leur héroïsme habituel à l'évangélisation de ces nouvelles terres. Non seulement ils remplirent leur ministère auprès des colons catholiques, mais ils atteignirent au loin les tribus indiennes disséminées çà et là. Le Père White fixa tout d'abord sa résidence au milieu des Patuxents dont il convertit un grand nombre. En 1639, il vint établir sa demeure chez les Piscatawagas, dans un village à 15 milles au Sud de Washington. Le chef de la tribu, appelé Chicalencon, embrassa la foi et fut solennellement baptisé en présence des autorités de la colonie. Le travail des missionnaires s'étendait aussi à la Virginie, où quelques colons de cette contrée firent abjuration du protestantisme. L'évangélisation des Indiens ne fut cependant jamais dans les colonies anglaises aussi intense que dans les possessions françaises et espagnoles.

De fait les missions proprement dites n'eurent lieu que dans le Maryland et les régions adjacentes. L'œuvre d'apostolat dans les autres provinces anglaises appartient à l'histoire des labeurs apostoliques de la France et de l'Espagne.

Bientôt des orages surgirent à l'horizon. Pourquoi s'en étonner ? L'auréole de la persécution a toujours brillé sur le front majestueux de notre Mère l'Eglise. Elle ne devait pas manquer à la fidèle colonie d'Amérique. L'opposition des protestants de la Virginie au gouvernement de Baltimore et les violences qu'ils exercèrent contre les catholiques faillirent anéantir toute espérance. Pas un prêtre ne fut laissé dans le Maryland. Ce ne fut cependant qu'un essai de guerre à la religion. Lorsque, vers la fin de l'année 1646, Lord Léonard Calvert eut recouvré ses possessions, les Jésuites se remirent à l'œuvre. Ceux qui avaient cherché refuge en Virginie revinrent, d'autres arrivèrent de la Grande-Bretagne. Un acte célèbre de tolérance religieuse fut alors passé dans l'assemblée coloniale du Maryland en 1649. Le texte même de cet acte officiel concernant la religion en révèle l'esprit éminemment chrétien. C'est de lui sans doute que s'est inspirée plus tard la République des États-Unis quand elle fut appelée à se donner une constitution fédérale. Après avoir défendu, sous peine de mort, tout blasphème contre les personnes adorables de la Trinité et prononcé des amendes contre les profanateurs des noms sacrés de Marie et des Saints, l'acte constitutionnel décrète des peines sévères contre tous ceux qui fomenteraient les dissensions religieuses. Il punit d'amendes assez fortes ceux qui se servent vis-à-vis des autres de noms offensants comme hérétiques, puritains, jésuistes ou papistes, et l'acte continue ainsi : « Vu que forcer les consciences en matière de religion a été fréquemment la source de luttes intestines, pour resserrer davantage l'amour mutuel et l'amitié parmi les habitants de la colonie, nous ordonnons que nul ne soit molesté dans le libre exercice de sa religion, pourvu qu'il professe la foi en Jésus-Christ Rédempteur ». La profanation du Dimanche, l'ivrognerie ou les amusements immoraux étaient en même temps défendus. Cet acte, dont se glorifient encore aujourd'hui les catholiques américains, marquait un progrès immense sur les idées reçues en Europe ou dans les colonies du Nord. Une législation qui n'aurait rien toléré, aurait, dans une province habitée par des hommes de religions si diverses, fait plus de mal que la tolérance des cultes faux. En homme politique, Lord Baltimore choisit le moindre mal. Il avait à décider, comme chef d'une communauté mixte, non sur ce qui était le mieux en théorie, mais sur la question d'un *modus vivendi* entre les cultes rivaux pour le bien général. Quelque soit notre opinion sur les moyens qu'on aurait dû prendre pour empêcher l'introduction des fausses doctrines dans la société, il paraît bien certain que la législation de faveur ou de protection n'est pas le moyen de guérir les divisions religieuses d'une nation civilisée.

Pendant qu'il garantissait de son mieux l'avenir religieux des colons anglais, Lord Baltimore ne négligeait pas les Indiens. En 1651, il mit à part, sur les bords de la rivière Wicomico, 10.000 acres de terrain en faveur des tribus indigènes du Maryland, aux besoins spirituels desquelles les missionnaires devaient pourvoir. Bientôt ces races sauvages entrèrent dans la vie civilisée. Ici, comme dans les régions de l'Illinois, des alliances de familles se firent plus d'une fois entre des chefs indiens et quelques fiers colons de Maryland dont les fils appartiennent aujourd'hui à l'aristocratie de la société américaine. Cinq ans s'étaient à peine écoulés dans la paix que Clayborne, gouverneur de Virginie, ennemi personnel de Lord Baltimore, envahit de nouveau le Maryland, en accusant la colonie d'être restée fidèle au roi Charles Ier détrôné par Cromwel. La liberté religieuse fut officiellement abolie et la persécution recommença. L'orage pourtant ne fut encore que passager comme la Révolution d'Angleterre. En 1660, Charles II rétablit Lord Baltimore dans ses droits et pour la troisième fois, la liberté régna sur les bords de la baie de Chesapeake. Pendant trente ans, rien ne troubla la paix de l'Eglise dans la province Marylandaise. Les missionnaires à la recherche des âmes se dispersèrent dans les contrées voisines. On les trouve, en 1674, à New-York, où ils fondèrent la première école catholique anglaise sur le continent américain ; deux ans plus tard, sur les terres de Long-Island et de New-Jersey ; en 1681, dans la Pensylvanie. Les horizons semblaient aussi s'éclaircir sur le vieux continent. Ce fut sous le règne de Jacques II, en l'an 1685, que l'Angleterre reçut comme vicaire apostolique le premier évêque envoyé de Rome depuis l'époque d'Elisabeth. Le catholicisme commençait à renaître. Trois ans après, la Grande-Bretagne fut divisée, au point de vue religieux, en quatre districts : le district de Londres, ceux de l'Ouest, du Centre et du Nord. Les catholiques d'Amérique et leur clergé dépendaient de la juridiction du district de Londres, et. il en fut ainsi jusqu'à la nomination de Mgr Carroll, comme préfet apostolique aux Etats-Unis, en 1784. La situation politique et religieuse en Amérique laissait donc entrevoir des perspectives d'avenir rassurantes, peut-être faudrait-il dire des possibilités de diffusion de vie catholique à travers toutes les possessions protestantes du Nord. Le Maryland, la Pensylvanie, l'Etat de New-York favorisaient la liberté de conscience. Le roi était catholique, les gouverneurs des colonies n'avaient aucun esprit d'hostilité, et la surveillance épiscopale, quoique lointaine, était un présage d'ordre et de puissante vitalité. Hélas ! ces horizons s'obscurcirent bientôt. Jacques II fut détrôné, Guillaume d'Orange monta sur le trône en 1689. Ce fut la fin de la liberté religieuse. De toutes les colonies, la Pensylvanie fut la seule qui resta inébranlablement fidèle à sa politique première de tolérance. L'Eglise entre ici dans la triste période de persécution que l'Histoire appelle période des lois pénales. Une législation violente fut aussitôt appliquée contre le catholicisme en Amérique. Guillaume d'Angleterre, méconnaissant les droits du Lord propriétaire de la colonie, déclara le Maryland province royale pour y établir un gouvernement à sa guise. Une assemblée législative dont. les catholiques furent exclus proclama l'établissement du Protestantisme dans la Province, et, pendant plus d'un siècle, les enfants de l'Eglise se virent forcés à payer de leurs] deniers les constructions d'édifices religieux et de salarier les ministres d'un culte étranger. Le bannissement des prêtres, l'inéligibilité des citoyens catholiques aux charges de l'Etat, les amendes infligées à ceux qui donnaient asile aux Jésuites constituèrent dès cette époque un système de persécution qui se prolongea plus ou moins jusqu'à la révolte des colonies.

L'hostilité contre le Catholicisme devint si intense dans le
Maryland que les meilleures familles furent forcées de
s'expatrier dans l'Ouest. Les constitutions des Etats s'enri-
chirent à leur tour d'articles de proscriptions dignes d'une
Elisabeth. Quelques légères mitigations, sous le gouvernement de la reine Anne d'Angleterre, permirent aux fidèles
d'obtenir le service religieux dans des oratoires privés.
Ainsi la religion catholique put se conserver dans le Maryland pendant plusieurs générations. Le caractère de
ces temps de haine religieuse apparaît surtout dans les
inhumaines cruautés dont furent victimes les malheureux
Acadiens. Lorsque la guerre entre l'Angleterre et la
France eut été terminée par le traité d'Aix-la-Chapelle
en 1748, le gouvernement anglais se résolut à expatrier
les Acadiens attachés à leur foi. Leurs foyers furent brûlés,
et sept mille d'entre eux, tous catholiques, sans qu'on
eût égard aux liens les plus sacrés de la famille, furent
jetés sur la côte de l'Atlantique, du Massachussetts à la
Géorgie ; neuf cents de ces malheureux débarquèrent au
Maryland. L'hospitalité religieuse des familles de Baltimore leur offrit un refuge. Et c'est ainsi que, dans cette
ville récemment fondée et future métropole de l'Eglise
américaine, s'organisa le premier groupe catholique des
Etats-Unis ressemblant à une paroisse ; il était sous la
direction d'un prêtre qui venait chaque dimanche en ca-
chette célébrer les saints offices dans une maison privée.
Il y avait à cette époque (1756), d'après un rapport envoyé
à la Propagande à Rome par Mgr Chalonner, vicaire
apostolique de Londres, quatorze pères jésuites dans les
missions du Maryland et de la Pensylvanie. Les catholiques dispersés sur la vaste étendue des colonies étaient
au nombre d'environ quinze mille, sur une population
totale de trois millions d'âmes. Quelques modestes oratoires construits çà et là, à de grandes distances, servaient
de lieux de réunions aux pauvres fidèles. « Nos missionnaires, dit Mgr Chalonner, exercent leur ministère auprès

de quelques fidèles en Virginie, sur les frontières du Maryland et dans le New-Jersey sur les frontières de Pensylvanie. Pour le reste, dans les Etats de New-York et de la Nouvelle-Angleterre, s'il y a quelques catholiques épars, ils ne peuvent avoir aucun exercice de leur religion et aucun secours spirituel, parce que nul Père ne peut y aller. » Chaque prêtre, dit un document du temps, célébrait la sainte Messe chez lui deux fois par mois. Les deux autres dimanches, il visitait les stations. « J'ai souvent voyagé à cheval 300 milles par semaine, écrivait un missionnaire, et autant la nuit que le jour. » En 1773, quand la Société de Jésus, frappée par la bulle *Dominus ac Redemptor* de Clément XIV, fut obligée de se dissoudre, les Pères missionnaires sécularisés et quelques autres prêtres, formèrent le premier clergé paroissial de l'Amérique anglaise. Tel était le catholicisme aux Etats-Unis, il y a 150 ans.

Cependant, à cette heure même, les premières agitations de l'Indépendance apparaissaient dans les colonies Britanniques. La lutte gigantesque d'où devait sortir la nation Américaine commença en 1775, et se termina en 1781, lorsque, après la bataille de Yorktown, Cornwallis, général anglais, rendit à Washington son épée impuissante. Sous des influences multiples, la Révolution qui sépara les colonies de l'Angleterre opéra pour les catholiques un heureux changement. Ce fut, en effet, dans ces conjonctures politiques que l'Eglise trouva comme une seconde naissance. En 1735, était né dans le Maryland celui qui devait être le fondateur de la hiérarchie ecclésiastique aux Etats-Unis. Il se nommait Carroll. Sa famille, une des principales de la colonie, l'envoya au collège catholique anglais de Saint-Omer. Entré dans la Compagnie de Jésus après ses études classiques, il était professeur à Liège quand le coup fatal de la suppression de l'Ordre en dispersa tous les membres. Résistant alors à la séduisante invitation de Lord Arundel qui lui offrait son château de

Wardour en Angleterre, le Père Carroll n'eut plus qu'une pensée : aller servir l'Eglise dans son propre pays. Glorieuse fut la part que prirent, sous son inspiration, les catholiques à la guerre de l'Indépendance. Leur sang coula sur les champs de bataille. Dans le Nord-Ouest, l'influence d'un prêtre français maintint les provinces de l'Illinois, l'Ohio, l'Indiana du côté des colonies. Les Indiens catholiques du Maine, sous leur chef Orano, n'hésitèrent pas à combattre à côté des protestants pour la liberté. Des soldats catholiques, Polonais, Irlandais s'enrôlèrent dans les armées coloniales. D'autre part, en 1778, la France reconnut les droits des belligérants américains. Bientôt arrivèrent ses régiments avec leurs aumôniers, et, pour la première fois, se déploya en Amérique le spectacle des services religieux militaires. En 1779, une autre nation catholique, l'Espagne, nous imita. Le premier cercle de diplomates, composé des représentants de ces deux pays, fut catholique. Enfin, parmi les signataires de l'Indépendance, se trouvaient quatre catholiques ; l'un, Daniel Carroll, était le frère du futur archevêque de Baltimore (1). La reconnaissance évidemment s'imposait : aux catholiques qui avaient si puissamment aidé à l'affranchissement national, la liberté leur était due ; elle leur fut donnée par le gouvernement fédéral. Les temps étaient changés ; un autre esprit soufflait sur l'Amérique. La convention de

(1) Thomas Fitzsimons, Thomas Lee, gouverneur militaire du Maryland, Daniel Carroll et Carroll de Carrolton. Celui-ci écrivait à un descendant de la famille de Washington : « Quand je signais la déclaration de l'Indépendance, j'avais en vue non seulement notre indépendance politique, mais la tolérance de toutes les dénominations religieuses professant la religion chrétienne et la jouissance pour tous des droits communs. Heureusement cette mesure a été prise pour déraciner l'esprit des guerres religieuses et servir de leçon à tous les gouvernements. Réfléchissant, comme vous devez le faire, aux proscriptions, vexations, dont étaient victimes les catholiques dans le Maryland, vous ne serez pas étonné que j'aie eu à cœur ce grand dessein, basé sur la charité naturelle, elle-même le fondement et le principe inébranlable de notre sainte religion. »

Philadelphie abolit, par son 6ᵉ article, le serment de fidélité à la foi protestante, comme condition d'éligibilité aux fonctions publiques. En 1789, le premier congrès de la nation libre proclama l'incompétence du gouvernement fédéral en matière de religion, et adopta un amendement qui fait aujourd'hui partie de la constitution : que nulle loi ne sera jamais portée en ce qui concerne l'établissement d'une Eglise, et nul empêchement ne sera jamais mis au libre exercice du culte. Loin d'être dicté par l'indifférence, cet article fondamental de la constitution des Etats-Unis était une solennelle reconnaissance des droits des Catholiques jusque-là persécutés. En principe, dans la pensée du Congrès national, mais de fait seulement dans la politique privée des différents états, c'était l'abolition de toutes les lois pénales sous la garantie d'une absolue indépendance ; c'était non moins la proclamation du respect et de la bienveillance amicale que l'Eglise s'était justement acquise.

Ces décrets de l'autorité fédérale donnèrent au catholicisme comme une existence officielle. L'Eglise était entrée, on peut dire, comme agent efficace dans la formation de la patrie, un peu comme les Evêques avaient fait en France dans les origines de notre vie nationale. Laissée à toute sa force native d'expansion, dans cette société mixte de l'Amérique où se rencontrent les éléments les plus divers de nationalité et de religion, elle pouvait se livrer, sinon sans crainte, du moins avec espérance, à sa divine mission.

Pendant la guerre de l'Indépendance les relations des catholiques avec le Vicaire apostolique de Londres étaient devenues difficiles. Le clergé américain comprit qu'il devait avoir son gouvernement propre. En 1784, à la suite d'une pétition adressée à la cour de Rome, Pie VI nomma le Père Carroll, Préfet apostolique. Cinq ans après, en 1789, le Souverain Pontife le plaçait sur le premier siège épiscopal des Etats-Unis, en le nommant évêque de Baltimore, au moment même où se constituait le gouvernement de l'Union sous la présidence de Washington (1), ami personnel de Mgr Carroll.

Le moment était solennel. Washington était appelé le Père de la Patrie américaine, Mgr Carroll le fondateur de l'Eglise dans cette République si riche d'espérances. L'entrée au pouvoir de ces deux grands patriotes était un magnifique symbole et un présage consolant de cette entente qui devait exister entre les deux puissances spirituelle et temporelle. Là se trouve une explication de l'esprit des catholiques aux Etats-Unis. Les catholiques présentèrent au Président de la République une adresse de cordiale félicitation à laquelle Washington répondit : « Je suis certain que les citoyens américains n'oublieront jamais la part patriotique que vous avez prise au grand œuvre de notre révolution. L'Amérique comprendra que tous les membres de la nation dévoués à leur patrie ont un titre égal à la protection du gouvernement civil, et j'espère que nous donnerons toujours l'exemple de la justice et de la liberté. Puissiez-vous prospérer toujours et trouver dans mon administration la réalisation de tous vos vœux ». Loin de périr, l'Eglise avait triomphé. Elle était définitivement établie dans la République américaine et l'un de ses caractères distinctifs était le dévouement le plus pur à la constitution du pays dont elle prenait possession.

C'est à l'ombre de cette constitution proclamant les droits inaliénables que l'homme a reçus de son Créateur, que l'Eglise va grandir, et c'est en se montrant les plus scrupuleux observateurs de cette constitution que les catholiques vaincront les préjugés de leurs compatriotes. L'Eglise fut dès son principe américaine, imbue du plus

(1) Le traité de paix entre l'Angleterre et l'Amérique fut signé à Paris en 1783. Une convention générale des Etats eut lieu à Annapolis en 1786. En 1787 se tint à Philadelphie la convention fédérale qui formula la constitution adoptée ensuite par un nouveau congrès continental. Ce fut en avril 1789 que Washington fut proclamé et constitué Président des Etats-Unis.

pur patriotisme. Elle était encore bien pauvre, pourtant !
Il y avait alors au Maryland vingt-cinq prêtres avec une
population d'environ vingt mille catholiques. La Pensylvanie comptait huit cents fidèles, l'Etat de New-York
quelques centaines aussi. Dans le territoire qui bordait le
Mississipi et dans les provinces du Nord, bien des pays
étaient laissés sans prêtres. On pourrait évaluer à trente
mille la population catholique connue et disséminée dans les
Etats-Unis. Le diocèse de Baltimore comprenait les treize
Etats primitifs. Il faut y joindre toutes les régions à l'Est
du Mississipi, excepté la Nouvelle-Orléans et la Floride qui
se trouvaient sous la juridiction de l'Evêque de la Havane,
et quelques districts des environs de Détroit qui dépén-
daient de l'Evêché de Québec. Le collège de Georgetown,
fondé en 1786 par les Pères Jésuites, était la seule insti-
tution qu'à ce moment l'Eglise possédait. Elle n'avait
encore ni écoles paroissiales proprement dites, ni pensionnats de filles, ni séminaires, ni hôpitaux, ni établissements de charité.

Il sera consolant de voir comment elle a pu, en moins
d'un siècle, atteindre le prodigieux développement dont
elle nous donne le spectacle aujourd'hui.

CONCLUSION

En ce qui concerne les missions Indiennes, dont j'ai
essayé de tracer dans ces pages une si rapide esquisse,
qu'il me suffise d'en résumer les héroïques travaux en di-
sant que les apôtres de l'Evangile prêchèrent la foi depuis
le XVIᵉ siècle aux races indigènes de l'Amérique sur un
continent aussi vaste que l'Europe. L'esprit apostolique
n'a point perdu ses premières ardeurs ; il y a aujourd'hui
dans les Etats-Unis, répandue dans 19 Etats, une population de près de deux cent mille Indiens. D'après les sta-

tistiques récentes, quatre-vingt-un mille catholiques sont encore évangélisés par soixante-dix-huit missionnaires appartenant pour la plupart à des Ordres religieux. Le tableau suivant nous donne une idée des populations indiennes dans les divers diocèses.

Diocèses ou Vicariats apostoliques	Nombre total des Indiens	Nombre d'Indiens catholiques	Nombre d'élèves dans les écoles catholiques pour les Indiens
Tucson	30 000	300	100
Boise-City	4 500	1 200	150
Brownsville . . .	43 000	40 000	775
Cheyenne	1 800	200	217
Grand Rapids . . .	3 000	2 500	170
Green Bray . . .	3 100	1 390	135
Helena	9 000	9 000	750
Territoire indien . .	10 000	3 031	885
La Crosse	5 500	2 216	362
Marquette	1 800	1 224	150
Natchey	3 500	645	67
Nesqually	5 755	2 900	365
Orégon City . . .	4 500	1 900	120
Alaska	40 000	2 000	190
Portland	1 000	1 000	144
Vancouver	5 500	2 800	190
Les Angeles . . .	4 000	3 500	»
Sioux Falls . . .	19 238	6 000	»
Total. . . .	195 193	81 086	4 770

Une mention spéciale doit être faite du Père de Smedt S. J. en parlant des missions actuelles parmi les Indiens. Venu de Belgique en 1821, il a frayé la route à ses confrères à travers les montagnes Rocheuses. Aujourd'hui, les enfants de saint Ignace se dévouent à l'évangélisation des Indiens dans l'Alaska. Le dernier martyr de cet apostolat des races indigènes est le saint archevêque d'Orégon, Mgr Seghers, massacré par un domestique aliéné, a-t-on dit, au milieu des courses pastorales dans le centre de l'Alaska en 1884.

En 1874, l'archevêque de Baltimore établit à Washington, pour subvenir aux besoins des missions catholiques indiennes, une commission qui, approuvée par le 3e concile de Baltimore en 1884 sous le nom de « Bureau des missions catholiques », reçut une existence légale en 1894 par un acte officiel de l'assemblée législative du Maryland. Le gouvernement fédéral lui a fourni plusieurs fois des fonds pour l'établissement d'écoles chez les Indiens.

Il faut l'avouer cependant, les assemblées législatives de Washington ne se sont pas toujours montrées généreuses et impartiales à l'égard des œuvres catholiques indiennes. L'aide du gouvernement pour les écoles a été graduellement et en grande partie retiré, sous prétexte de neutralité ; mais le zèle pour l'éducation et la conversion de cette pauvre population humainement délaissée est loin de s'éteindre dans l'Église du Nouveau-Monde.

Le Concile national de 1884 prescrivit une quête dans tous les diocèses de l'Union pour les missions Indiennes. En 1889, une riche américaine, Miss Drexel, fille d'un banquier de Philadelphie, consacrait une partie de son immense fortune à l'œuvre de l'apostolat indien. Deux ans après, brûlant du désir de se donner elle-même à cette œuvre si noble, elle fondait la congrégation des sœurs du Saint-Sacrement qui compte aujourd'hui cinquante-quatre religieuses consacrées à l'éducation et à la conversion des Indiens. L'institut dirige des écoles, des orphelinats, tout en se dévouant à la visite des malades et des pauvres à domicile, et à l'instruction des adultes.

L'Église de Jésus-Christ, fidèle à sa sublime mission, reste donc, à l'heure actuelle, le foyer du zèle apostolique dans le Nouveau-Monde, comme elle l'a toujours été dans l'Ancien. Le catholicisme aux États-Unis a fait une grande œuvre d'évangélisation dans la première période de son histoire. Jetons maintenant un coup d'œil rapide sur la formation et l'évolution de la Hiérarchie ecclésiastique mise en contact avec la République américaine, et, par la connaissance de l'histoire et des œuvres de l'Eglise dans cette seconde période de sa vie, tâchons de connaître l'esprit qui la dirige et les espérances qu'elle peut concevoir pour l'avenir. (1).

(1) Les meilleurs ouvrages à consulter sur la grande œuvre de l'Evangélisation des races indiennes sont : les *Relations des Pères Jésuites* et « John Gil Mary Shea's *History of the Catholic Missions among the Indian tribes of the united states.* »

DEUXIÈME PARTIE

L'Eglise dans sa Hiérarchie.

Vue générale.

En prenant pour base les faits généraux qui jalonnent l'histoire de l'Eglise américaine depuis l'établissement de l'épiscopat jusqu'à nos jours, on peut diviser cette seconde partie en trois périodes dont chacune a son caractère propre. La première qui va de la consécration de de Mgr Carroll, en 1790, au concile provincial de Baltimore en 1829, est, à proprement parler, une période d'organisation. Malgré les troubles incessants que lui cause l'ingérence laïque dans le gouvernement des paroisses et des diocèses, l'Eglise se constitue et prend possession de l'immense champ d'apostolat que la Providence lui confie. Des évêchés se créent, le clergé se recrute, les ordres religieux viennent à son aide, l'avenir se prépare. La seconde période comprend deux phases : de 1829 au premier concile général de Baltimore en 1852, et de 1852 à la fin de la guerre de sécession ou jusqu'au second concile national en 1866. C'est la période de l'affermissement du catholicisme en Amérique. Les diocèses se multiplient l'Eglise se développe ; en dépit des attaques dirigées contre elle par une faction politique qui se cache sous le nom de parti américain et des ruines accumulées par la guerre, l'Eglise catholique prend vraiment racine dans la République américaine. A partir de 1866 elle entre dans une période qu'on pourrait appeler d'épanouissement. Ici encore deux phases distinctes : de 1866 au centenaire de

l'établissement de la hiérarchie catholique en 1889, et de
1889 à l'heure actuelle. Dans chacune de ces périodes,
l'Eglise eut à combattre et à souffrir pour s'implanter définitivement dans une terre étrangère et porter des fruits
de vie au milieu d'un monde qui ne voulait point d'elle et
la persécutait. Les difficultés exceptionnelles de sa divine
mission exigèrent des travaux et des dévouements héroïques, mais l'expansion et la vitalité dont elle donne
aujourd'hui le spectacle disent assez son triomphe et lui
permettent, sans qu'elle ignore les dangers auxquels elle
est exposée, d'aspirer sans vaine présomption à de nouvelles conquêtes. Pour elle comme pour l'Eglise universelle, les combats ne cesseront jamais.

PREMIÈRE PÉRIODE

DEPUIS LA CONSÉCRATION DE MGR CARROLL, ÉVÊQUE DE BAL-
TIMORE, JUSQU'AU PREMIER CONCILE PROVINCIAL, 1790-1829.
L'ORGANISATION

L'organisation.

Article premier.

Episcopat de Mgr Carroll. 1790-1815.

La cérémonie du sacre de Mgr Carroll eut lieu en Angleterre dans la chapelle du château du Lulworth, le
jour de la fête de l'Assomption, 15 août 1790. Le premier
pasteur de l'Eglise américaine prit la sainte Vierge pour
patronne de son immense diocèse qui comprenait alors
tous les Etats-Unis (1). Seul, sans ressources, regardé par

---

(1) Ce fut le 8 septembre 1535, jour consacré à la sainte Vierge
que pour la première fois le Saint sacrifice fut célébré sur les
terres appelées la Nouvelle-France, dans l'île aux Cendres, au

beaucoup, au point de vue politique, comme un enfant de la Révolution qui n'avait pour se légitimer que le succès, n'apparaissant, au point de vue ecclésiastique, que comme membre d'un Ordre dissout par le Chef même de la chrétienté, Mgr Carroll eut pu désespérer de la tâche qui lui était confiée. Dans sa ville épiscopale, il n'avait pour cathédrale qu'une pauvre petite chapelle en briques, construite en 1783. Quelques prêtres formaient son clergé, diminué chaque année par la mort ou la maladie. Ce n'était même pas un clergé homogène. Composé de membres de nationalités, de langues, de coutumes et d'éducation différentes, le corps ecclésiastique se trouvait nécessairement exposé aux divergences de vues, chose d'autant plus regrettable dans le ministère des âmes que, l'immigration n'ayant pas encore jeté sur le continent ses flots de peuples divers, le champ où l'Eglise devait s'enraciner et s'accroître était une terre américaine de langue et d'esprit. Mgr Carroll n'eut qu'à s'abandonner à la Providence. Il pria et la réponse du ciel ne se fit pas longtemps attendre. Selon cette loi mystérieuse des compensations, maintes fois vérifiée au cours de l'histoire, Dieu fit naître le bien de l'excès même du mal ; les souffles de tempête qui, à cette époque, commençaient à ébranler les palais et les cathédrales d'Europe, devaient porter sur le sol de la jeune Amérique les semences de la moisson future. M. Emery, supérieur de Saint-Sulpice, après mûres réflexions, s'offrit au prélat américain pour fonder un séminaire dans sa ville épiscopale. Ce fut la solution inattendue et joyeusement reçue du problème qui inquiétait

dessous de Québec. Les premières missions établies dans l'Etat actuel de New-York, au dix-septième siècle furent dédiées à Marie. C'est à la sainte Vierge encore que toutes les tribus sauvages, depuis les côtes du Maine jusqu'aux grands lacs, se consacrèrent en 1670, à Sault — Sainte Marie en présence du représentant de la France et des missionnaires Jésuites. L'Eglise Américaine était, ce semble, prédestinée à l'être l'objet des complaisances de la Reine du ciel par sa dévotion à Marie depuis ses origines.

l'évêque de Baltimore : « le recrutement du clergé en Amérique ». Au mois de mars 1790, quatre Sulpiciens accompagnés de cinq séminaristes s'embarquaient à Saint-Malo, et le 3 octobre de la même année, s'ouvrait à Baltimore le premier séminaire américain d'où devait sortir un nombreux et puissant clergé indigène. Peu après, en 1791, Mgr Carroll, soucieux de rapprocher ses prêtres dispersés un peu de tous côtés et de leur donner une méthode d'action commune, à la veille des immenses travaux qui s'annonçaient, réunit à Baltimore le premier synode américain. Cette assemblée se composait de vingt-cinq nationalités différentes. Dans ce petit sénat de l'Eglise américaine, s'élaborèrent les premiers éléments d'une discipline que viendront tour à tour développer les nombreux conciles provinciaux ou nationaux. On y traita aussi l'importante question de l'entretien volontaire du clergé par les fidèles. Dans la période coloniale, les domaines acquis par les Jésuites subvenaient d'une manière suffisante à tous les frais du culte, bien qu'en principe, dès le début de la fondation des missions du Maryland, comme nous l'avons vu, il eût été admis que les fidèles contribueraient personnellement aux charges de l'Eglise. Mgr Carroll prévoyait que l'immigration amènerait bientôt d'Europe un nombre considérable de catholiques. Il devenait donc nécessaire de rappeler au peuple son obligation de subvenir par ses offrandes aux dépenses du culte. L'accomplissement généreux de ce devoir a été depuis lors la gloire de l'Eglise américaine et a fait sa force. C'est grâce à lui que les pasteurs se trouvent en contact direct et perpétuel avec le troupeau dont ils dépendent pour leur subsistance; de son côté, le peuple peut apprécier davantage et la Foi qui lui demande des sacrifices et les prêtres qui se dévouent pour lui. Dans la période des missions, les services religieux, célébrés le plus souvent dans de petites chapelles attenantes aux résidences des premiers missionnaires ou aux châteaux de quelques riches colons, étaient d'une simplicité extrême. L'arrivée de prêtres d'Europe permit de donner désormais une solennité plus grande aux cérémonies liturgiques. Ce fut un autre objet des délibérations du synode.

La Foi, entre temps, grandissait. Les Pères Jésuites dont Pie VII, par la bulle *Catholicæ Fidei* 1801, venait de reconstituer la société, reprenaient leur maison de Georgetown (1). En 1809, M. Dubois, prêtre de Saint-Sulpice, plus tard évêque de New-York, ouvrait à Emmittsburg, près de Baltimore, un collège justement appelé « la pépinière des évêques », à cause du nombre considérable de prélats qui y reçurent leur première éducation cléricale. Vers la même époque, les dominicains arrivaient dans la ville de New-York, où ils continuaient le travail des anciens missionnaires, et dans le Kentucky où ils fondaient un noviciat. Les Augustiniens commençaient leur glorieuse carrière d'apostolat dans le Delaware et à Philadelphie. Les Carmélites belges fondaient à Baltimore leur première communauté de femmes. En 1792, les Clarisses chassées de France s'étaient réfugiées aux Etat-Unis. Quelques années plus tard, l'Ordre de la Visitation s'établissait à Washington, et Mme Seton, protestante convertie, créait la congrégation des sœurs de charité américaines. La Mère Seton est un des plus beaux caractères dont s'honore l'Eglise aux Etats-Unis. Née à New-York en 1774, elle se mariait à l'âge de vingt ans à un riche négociant William Seton. Devenue veuve cinq ans après, elle entrait dans le giron de l'Eglise, et au milieu d'innombrables épreuves, léguait à son pays, comme une autre Mlle Legras en France, une famille de saintes femmes qui vivent et meurent en se dévouant avec un tranquille hé-

_____

(1) Cette maison est devenue aujourd'hui une florissante Université. A côté du collège proprement dit pour toutes les branches de l'enseignement classique, se trouvent la faculté de droit, une école de médecine et les départements des cours supérieurs de sciences et de littérature.

roïsme aux œuvres de charité et de zèle. La cause de sa béatification a été introduite à Rome.

Le champ de l'évangélisation s'étendait aussi rapidement. En 1797, Albany, future capitale de l'état de New-York et ancien théâtre des missions iroquoises, possédait sa première église. M. Matignon, jadis professeur à la Sorbonne de Paris, et M. de Cheverus, le futur cardinal archevêque de Bordeaux, s'efforçaient de faire pénétrer la Foi dans la Nouvelle Angleterre au centre même du protestantisme. L'abbé Badin, premier prêtre ordonné au séminaire de Baltimore, visitait et évangélisait la vallée du Mississipi ; le prince Galitzin, Russe converti, devenait, sous le nom modeste de Père Schmidt, l'apôtre des Alléghanies, et les Sulpiciens eux-mêmes, quoique leur rôle principal fût de se consacrer à l'éducation du clergé, n'hésitaient point à s'adapter aux circonstances exeptionnelles qui réclamaient leur zèle au dehors. Dès le début, ils établirent des missions dans le Maryland qu'ils prirent pour leur centre d'opération, dans le Maine parmi les rejetons de la vieille race indienne, dans le nord-ouest chez les descendants des anciens Canadiens ou Français, enfin parmi les pauvres restes des Illinois et des autres tribus de l'Indiana, de l'Ohio et du Michigan. Ces provinces du nord-ouest, occupées d'abord, comme il a été dit plus haut, par l'Angleterre, étaient restées sous la juridiction de l'évêque de Québec ; mais livrées aux Etat-Unis par le traité appelé « traité de Jay » en 1796, elles vinrent accroître d'autant le diocèse déjà si grand de Baltimore. D'autre part, la Louisiane, annexée également aux Etats-Unis en 1803, recula encore, à l'ouest du Mississipi, les limites de l'immense juridiction de Mgr Carroll. Aussi devint-il nécessaire de demander à la cour Romaine l'érection de nouveaux sièges. Pie VII créa, en 1808, la province ecclésiastique de Baltimore avec quatre évêchés suffragants : New-York, Philadelphie, Boston et Bardstown. Le diocèse de New-York devait comprendre l'état de New-

York ; le diocèse de Philadelphie l'état de Pensylvanie et les parties ouest et sud du New-Jersey. Le diocèse de Boston se composait des Etats de New-Hampshire, Rhode-Island, Connecticut et Vermont ; l'évêque de Bardstown étendait sa juridiction sur les Etats de Kentucky et de Tennessee, et sur tout le nouveau territoire du nord-ouest. Le siège métropolitain de Baltimore conservait pour territoire propre : la Virginie, le Maryland, les Carolines et la Georgie ; mais l'archevêque gardait encore l'administration de la province de la Nouvelle-Orléans qui comprenait l'Alabama, la Floride, l'Isle d'Orléans, et toute la contrée Ouest du Mississipi jusqu'aux frontières des Etat-Unis au Nord, et jusqu'aux possessions espagnoles de la Californie à l'ouest, limites si vagues en ce temps-là que personne n'aurait pu les définir exactement.

Telle était la division ecclésiastique dix-neuf ans après l'érection du siège de Baltimore.

Les prélats placés à la tête de ces vastes districts ont été appelés à juste titre les Pères de l'Église Américaine. Mgr Carroll à Baltimore, Mgr de Cheverus à Boston, Mgr Flaget à Bardstown, et Mgr Egan à Philadelphie ouvrent glorieusement la liste de cette puissante hiérarchie dont s'honorent aujourd'hui les catholiques. La consécration des cinq évêques entourés d'un clergé peu nombreux, il est vrai, mais représentant aux yeux des fidèles les premiers apôtres destinés à l'évangélisation d'un monde immense, fut, pour les habitants de Baltimore, un spectacle nouveau. Aussi la foule composée en majorité de protestants, puisque la population catholique ne tenait encore qu'une humble place dans la ville épiscopale, assista-t-elle à ces cérémonies solennelles avec respect et sympathie. Bien des Américains qui venaient de lutter pour la conquête de leurs libertés ne pouvaient voir sans émotion, malgré leur préjugés anticatholiques, la confiance et la vénération dont les fidèles entouraient leurs prêtres. D'instinct ils admiraient ces missionnaires qui, sans autres ressources que leur courage, sans autre force que celle de Dieu, ne craignaient pas d'aller porter l'Evangile aux populations dispersées dans de si vastes régions. Avant de se séparer, les prélats suffragants de Baltimore se concertèrent avec leur métropolitain pour rédiger et adopter quelques règles uniformes de discipline. Ils partirent ensuite pour leurs missions respectives avec l'intention de s'assembler en concile provincial quelques années après, au plus tard en 1812, lorsque les premiers labeurs de l'administration de leurs diocèses leur auraient fait mieux connaître les besoins de l'Eglise nouvelle. La difficulté, pour ne pas dire l'impossibilité de communiquer avec le Pape, alors prisonnier entre les mains de Napoléon 1er, ne leur permit pas de réaliser ce projet. De plus, en 1812, éclata la guerre entre les Etats-Unis et l'Angleterre et toute perspective de concile sembla s'évanouir.

Le cadre restreint de ce résumé d'histoire américaine ne permet pas de faire ici une description détaillée de la prodigieuse activité d'apostolat déployée par ces vaillants pionniers de l'Eglise catholique aux Etats-Unis, ni des souffrances qu'ils eurent à supporter. Telle était la pauvreté de Mgr Flaget qu'il ne put même subvenir aux frais de son voyage pour se rendre dans son diocèse. Au commencement il n'eut pour tout clergé que sept prêtres, desservant une douzaine de chapelles disséminées sur une étendue de territoire plusieurs fois grande comme la France. La population catholique s'élevait à quinze ou seize mille âmes. Son palais fut une simple hutte en bois de seize pieds carrés. L'histoire nous le montre parcourant à cheval, en barque, ou à pied son immense champ de labeurs, prêchant, catéchisant, administrant les sacrements, bâtissant des Eglises, fondant des séminaires et des institutions d'enseignement et de charité, amenant de France religieux et religieuses, évangélisant les Indiens. « Je ne crois pas, disait-il vers la fin de sa vie, avoir couché deux fois de suite dans le même lit pendant les cinq premières années de mon épiscopat. » Après quarante années de travail il put, avant de mourir, contempler la création de onze évêchés dans les seules limites de sa juridiction primitive. Son influence fut grande dans l'Eglise d'Amérique. Lorsque. au concile de Baltimore en 1829, il vit pour la première fois Mgr England, évêque de Charleston, il lui dit, faisant allusion à ses nombreux ouvrages de controverse : « Qu'il me soit permis de baiser la main qui a si bien écrit pour la cause de notre religion ». Le prélat ainsi salué répondit aussitôt : « C'est à moi de baiser les mains qui ont fait de si grandes choses pour la cause de notre Eglise ».

Pour la Nouvelle Angleterre qui compte aujourd'hui six évêchés, Mgr de Cheverus fut tout aussi héroïque. La pureté de sa vie, la grandeur de son savoir, la noblesse de ses manières, son dévouement aux malades pendant une épidémie lui attirèrent la sympathie et l'admiration de tous les Bostonnais, sans distinction de religion. Il était si vénéré que les mères de famille se plaisaient à appeler leurs enfants du nom de Jean, celui de leur évêque. Son dénuemnent était celui de Mgr Flaget. La résidence épiscopale de ce fils de famille consistait en une seule chambre. Visites pastorales aux Indiens, prédications aux protestants et aux catholiques, constructions d'églises, de couvents, de pensionnats de jeunes filles, controverses publiques, telles furent les œuvres de son inépuisable zèle.

Mgr Egan, dans une région non moins étendue que celle où travaillait Mgr de Cheverus, se dépensa jusqu'à l'épuisement. Il mourut de fatigue après quelques années d'épiscopat.

En 1812, Mgr Carroll fit nommer, par le Saint-Siège, M. Dubourg administrateur apostolique de la Louisiane et des Florides. La Nouvelle-Orléans avait été érigée en diocèse par Pie VI qui l'avait séparée de la Havane. Le premier évêque avait été nommé à un autre diocèse en 1801 ; son successeur mourut à Rome en 1802 avant d'avoir pu venir à la Louisiane. Le vicaire général, administrateur de la province pendant la vacance du siège, mourut lui-même en 1804. Il n'y eut plus d'autorité épiscopale dans le diocèse jusqu'au moment où le Saint-Siège plaça cette immense région sous la juridiction de l'évêque de Balti-more. Mgr Dubourg y trouva à peine une dizaine de prêtres, la plupart très âgés et infirmes, presque pas d'églises, aucun établissement religieux, aucune école, les enfants élevés partout dans l'ignorance de la religion, et les adultes devenus presque partout indifférents. A ce lamentable état de choses s'ajoutait l'opposition systéma-tique de l'ancien clergé au nouveau prélat à cause de son origine étrangère, et d'une partie du peuple mécontent de changer si souvent de juridiction civile et religieuse. C'est dire le dévouement héroïque demandé à Mgr Du-bourg comme aux Flaget et aux de Cheverus. Les annales de la propagation de la Foi nous ont laissé les émouvants récits des courses apostoliques de Mgr Dubourg à travers une région qui comprend aujourd'hui douze évêchés. C'est à Mgr Dubourg qu'est dû, indirectement du moins, l'établissement de l'œuvre de la propagation de la Foi. Le plan qu'il forma, à son passage à Lyon en 1815, d'une association de dames pour subvenir aux pressants besoins de son diocèse fut le premier essai de cette œuvre admi-rable si connue aujourd'hui. Mgr Dubourg se hâta d'in-troduire dans la province soumise à sa juridiction les prêtres de la congrégation de Saint-Lazare pour y fonder un séminaire. Sous sa protection, et en réponse à la requète qu'il avait présentée à Mme Barrat à Paris, Mme Duchesnes ouvrit près de la Nouvelle-Orléans le premier couvent américain du Sacré-Cœur. — Tels furent les progrès de l'Eglise catholique hiérarchiquement or-ganisée.

Mgr Carroll mourut en 1815. Fécond avait été son épis-copat. Le clergé du diocèse de Baltimore comptait plus de cent prêtres. Aux quatre évêchés suffragants venaient se joindre des institutions religieuses vouées à l'éducation ou aux œuvres de charité.

L'esprit de liberté pénétrait de plus en plus dans la nation, et se manifestait soit dans les amendements apportés aux constitutions des différents Etats, soit encore dans les jugements rendus par les cours de justice. Mgr Carroll avait donné à la jeune Eglise, malgré les éléments disparates dont elle se composait, cette unité forte que ni les vicissitudes des temps, ni les influences de l'immigration n'ont pu détruire.

Article II.

Les premiers diocèses, 1815-1829.

Mgr Neale, coadjuteur de Mgr Carroll, ne survécut au premier évêque de Baltimore que deux ans, et fut remplacé par Mgr Maréchal, prêtre de Saint-Sulpice. Grâce à son énergie, ce prélat, que l'on a justement comparé à Mgr Carroll pour son patriotisme, put arrêter, du moins dans une large mesure, un mouvement d'indiscipline qui se dessinait dans l'Eglise naissante. De fait, le danger continuel de divisions intestines, l'ingérence de l'élément laïque dans le gouvernement ecclésiastique et les troubles qu'elle causa, caractérisent cette première phase de l'histoire du catholicisme en Amérique. Ce furent les premières luttes qu'il eut à soutenir. Sous l'influence de la Révolution et, sans doute, au contact du protestantisme, les commissions civiles des Eglises, appelées *Trustees*, (ces commissions correspondaient à peu près à nos conseils de fabrique), plus ou moins secondées par quelques prêtres ou religieux turbulents, prétendaient avoir le droit, comme dans les sectes protestantes, de fonder des églises, de choisir et de nommer les pasteurs sans l'assentiment de l'évêque et au besoin contre son gré. Elles s'attribuaient l'administration complète des propriétés ecclésiastiques, et, en conséquence, la direction des paroisses et des diocèses. L'agitation avait commencé à New-York alors que Mgr Carroll n'était encore que préfet apostolique. « Si de pareils principes, écrivait en 1785 ce prélat aux trustees révoltés, devenaient prédominants dans l'Eglise, nous pourrions faire le deuil de son unité et de sa catholicité. Elle ne serait plus qu'une juxtaposition de sociétés indépendantes comme les Presbytériens ou les Congrégationalistes. Je ne sais quel sera le jugement des tribunaux civils si vous en appelez à leurs sentences, mais je vous le déclare : rien ne peut être plus nuisible à la religion, et ne vous crée de plus terribles responsabilités dans la cause de l'Eglise que vous prétendez défendre. » Les obstacles mis au gouvernement de Mgr Dubois en 1823 au sujet de la construction des églises et des écoles entravèrent dans ce même diocèse l'œuvre d'évangélisation et faillirent causer d'irréparables ruines. Le coadjuteur et plus tard le successeur de Mgr Dubois, Mgr Hughes, dut continuer la lutte. Les trustees avaient poussé l'audace jusqu'à solliciter et obtenir l'appui de l'autorité civile pour faire expulser de l'école catéchistique du dimanche un des professeurs approuvé par l'évêque. Dans une lettre pastorale adressée aux fidèles de sa cathédrale, l'évêque en appela directement au sens religieux du peuple : « Est-ce votre intention, disait-il, qu'un tel pouvoir soit exercé par le comité laïque? S'il en est ainsi, il est temps pour les ministres de Dieu d'abandonner vos temples et d'ériger un autel autour duquel la religion sera libre, le concile de Trente pleinement reconnu et les lois canoniques appliquées à la discipline de l'Eglise. » La réponse des fidèles et l'énergie déployée par l'évêque dans les élections des commissions paroissiales mit fin aux prétentions des trustees. Il n'en fut pas ainsi à Philadelphie. Sous l'épiscopat de Mgr Egan, l'empiètement civil prit l'allure d'une révolte ouverte contre l'autorité religieuse, et suscita un véritable schisme. Les trustees s'emparèrent du gouvernement de la cathédrale qui dut être interdite par l'Ordinaire. A l'excommunication du prêtre intrus nommé par eux, ils répondirent en rejetant, sous prétexte qu'elle n'était qu'une juridiction étrangère, l'autorité même du Souverain Pontife. A Buffalo comme à New-York, la révolution s'en prit aux écoles qu'elle voulait soustraire à la direction des évêques. A Norfolk en Virginie, à Charleston dans les Carolines, à la Nouvelle-Orléans dans la Louisiane, l'insubordination s'enhardit jusqu'à vouloir entraîner avec elle le pays tout entier. Parmi les prêtres de Philadelphie, quelques intrigants profitèrent de cet état de choses pour répandre par la presse l'idée que l'Eglise catholique avait besoin de réforme et qu'il fallait, à tout prix en extirper les abus. Ils firent, de concert avec quelques laïques ambitieux, un appel direct au peuple. L'attaque fut violente. Les révoltés dénonçaient l'obéissance à Rome comme une abdication de droits imprescriptibles. « Nous avons le devoir de ne point laisser périr la liberté, disaient-ils ; nous devons refuser de dépendre de prêtres qui nous arrivent du dehors, envoyés par une espèce de Junte Romaine appelée « la Propagande », et hostiles à nos institutions. » Ce mouvement anticatholique ne fut pas sans donner à Rome de vives inquiétudes. Pie VII, par le bref *Non sine magno* adressé à Mgr Maréchal, à ses suffragants et à tous les fidèles en général, condamna les empiètements des « trustees » à Philadelphie. Plus tard Léon XII, par le décret *Quo longius*, portait une pareille condamnation pour la Nouvelle-Orléans. Les Souverains Pontifes rappelaient aux laïques les règlements du concile de Trente en ce qui concerne la place qui leur convient dans l'administration des propriétés ecclésiastiques et reconnaissaient aux évêques le droit de surintendance sur les biens temporels de l'Eglise. L'entente toutefois fut lente et difficile. Elle ne date en vérité que de l'abolition du système des Trustees par le concile de 1852.

Un autre péril non moins grave et menaçant apparaissait à l'horizon. C'était l'ingérence, non point du gouvernement de la république des Etats-Unis, mais des nations étrangères dans la direction de l'Eglise américaine, surtout en ce qui concernait le choix des évêques. A l'époque de la nomination de Mgr Carroll comme Préfet apostolique en 1784, notre ambassadeur à New-York s'était concerté avec le Nonce du Pape à Paris pour mettre à la tête des catholiques des Etats-Unis un prêtre du clergé de France. C'était placer l'Eglise d'Amérique sous la dépendance directe d'un pouvoir étranger et par là même la livrer à tous les soupçons des jalousies protestantes. De fait, à peine les Etats-Unis eurent-ils obtenu leur indépendance que les autorités séculières et ecclésiastiques des pays d'Europe semblèrent les considérer comme un domaine qui leur était échu. En 1790, quelques commerçants français présentèrent au Pape Pie VI, par l'intermédiaire du Nonce à Paris, une pétition tendant à créer dans le territoire indien des Oneidas, entre les Etats-Unis et le Canada, un évêché auquel serait nommé un prêtre français. Le projet ne se réalisa jamais. Vers la même époque une compagnie d'exploitation de biens fonciers dans l'Etat d'Ohio prétendit obtenir de Rome la création d'une préfecture apostolique pour cette région. En 1791, des instances furent faites auprès de la Propagande par Mgr Troie, archevêque de Dublin, et plusieurs évêques irlandais pour la formation dans le Nord-ouest d'une mission qui ne dépendrait que de Rome. La raison donnée par l'archevêque de Dublin paraissait péremptoire, puisqu'il y avait controverse entre les évêques de Baltimore et de Québec sur les limites de leur juridiction respective ; mais il était facile de voir dans toutes ces interventions étrangères une tendance à s'immiscer dans les affaires ecclésiastiques des Etats-Unis, tendance telle qu'elle pouvait devenir au moins très gênante, sinon fatale pour l'Eglise de ce pays. En 1808, les autorités d'Irlande firent nommer à l'évêché de New-York, à l'insu de Mgr Carroll, le père Concanen, prêtre irlandais, et, en 1814, son successeur, le Père Connolly. De la même manière et par les mêmes intermédiaires étrangers le vicaire général d'Armagh, le père Connell, sujet anglais, succéda à Mgr Egan à Philadelphie en 1819, pendant la guerre même qui divisait l'Amérique et la Grande-Bretagne. Richmond eut pour évêque, en 1820, le Père Kelly, supérieur du séminaire de Kilkenny, en Irlande. Il semblait donc à peu près admis que l'Eglise naissante d'Amérique n'était point encore capable de trouver chez elle la direction pastorale qui lui était nécessaire. L'indépendance de toute sujétion étrangère, si ce n'est celle de Rome, (et l'obéissance au souverain pontife ne peut en aucune manière s'appeler d'un tel nom) fut, à vrai dire, la cause pour laquelle Mgr Carroll ne cessa de combattre. Il ne pouvait admettre que des influences autres que celle de Rome eussent une voix prépondérante dans les destinées de l'Eglise de son pays. « Nous aimerions mieux mourir, écrivait-il, que renoncer à l'autorité du Souverain Pontife ; mais il est de toute nécessité que nous détruisions dans l'esprit de nos concitoyens ce préjugé injuste que nos principes, en nous plaçant sous l'autorité des gouvernements étrangers, sont hostiles à la constitution. »

Le patriotisme de Mgr Maréchal s'inspira de l'esprit de Mgr Carroll. Il voulut, lui aussi, l'indépendance de l'Eglise américaine. L'ingérence persistante de l'épiscopat irlandais dans les affaires ecclésiastiques des Etats-Unis, et l'urgence de la question relative au mode de nomination des évêques, le préoccupèrent vivement dans sa visite *ad limina*. « Nous confessons, disait-il, dans un mémoire au Souverain Pontife, que nous n'avons aucun droit de présenter des évêques pour les sièges épiscopaux. Il est certain cependant qu'ils doivent être recommandés par quelqu'un. Qui pourra discerner les sujets dignes ? La distance, la difficulté de connaître nos besoins en rendent les étrangers incapables. » Grâce à cette plaidoirie en faveur de l'autonomie de l'Eglise américaine, le Souverain Pontife

accorda aux évêques de la province de Baltimore le droit
de présenter les candidats à l'épiscopat. Ce fut pour
l'Eglise d'Amérique la première reconnaissance de son droit
de *self-government*. Ce point de discipline eut son applica-
tion immédiate. Mgr Maréchal obtint de Rome que l'Alabama ajouté à la Floride formât l'évêché de Mobile et fût
confié à Mgr Portier. Le Mississipi devint un vicariat apostolique sous la juridiction de Mgr Dubourg. Par ces nouvelles créations le diocèse de Baltimore fut réduit au territoire qu'il a conservé jusqu'à nos jours, c'est-à-dire, au
Maryland et au district de Colombie. Les deux Carolines,
et la Georgie constituèrent le vaste diocèse de Charleston
que Rome confia à Mgr England. Bien qu'étranger aux
Etats-Unis, Mgr England adopta bien vite l'esprit de ses
nouveaux concitoyens. Il lutta courageusement contre le
Trusteeisme et devint un des plus remarquables prélats de l'Eglise du Nouveau Monde par l'étendue de son
savoir, l'ardeur de son zèle et l'influence qu'il exerça
sur les conciles de cette époque. La Louisiane fut partagée
en deux diocèses : celui de la Nouvelle-Orléans sous le gouvernement de Mgr Dubourg, et celui de Saint-Louis dont
le père Rosati, lazariste, devint évêque. Deux sièges étaient
vacants à cette époque : celui de Boston par la transla-
tion de Mgr de Cheverus à Montauban, en France, en 1823,
et celui de New-York par la mort de Mgr Connolly, en
1825. Les évêques de la province de Baltimore recomman-
dèrent, en vertu du privilège accordé par Rome, le Père
Fenwick, jésuite, pour Boston, et le Père Dubois, supérieur
du collège d'Emmittsburg pour New-York.

Mgr Maréchal mourut en 1828. Grand administrateur,
apôtre infatigable, il doit être considéré par l'histoire
comme le digne successeur de Mgr Carroll. Il acheva ou du
moins continua l'œuvre à laquelle le fondateur de la hiérarchie américaine avait consumé sa vie : la liberté de l'Eglise
sous l'unique dépendance de Rome. Mgr Maréchal, quelques années avant sa mort, avait demandé comme coad-

juteur le Père Whittfield. Ce prélat d'origine anglaise lui succéda. L'épiscopat de Mgr Whittfield fut comme le complément de celui de Mgr Maréchal. Ces deux évêques avaient toujours été unis d'une amitié intime qui datait de l'époque où ils s'étaient connus au séminaire de Lyon, l'un comme professeur, l'autre comme élève. C'est à cette intimité toute surnaturelle que l'Eglise d'Amérique doit les services que lui rendit le troisième successeur de Mgr Carroll. La principale gloire de Mgr Whittfield est d'avoir convoqué et présidé le premier concile provincial de Baltimore. Le projet de cette réunion des évêques des Etats-Unis avait été déjà, comme nous l'avons vu, l'objet des désirs de Mgr Carroll, et Mgr Maréchal en avait lui-même préparé l'exécution.

Dans une lettre écrite à ses collègues, Mgr Whittfield leur demanda de se rendre un compte exact des besoins de leurs diocèses, et de lui faire connaître leurs vues pour le succès de cette assemblée destinée à promouvoir puissamment l'œuvre de l'Eglise aux Etats-Unis. Le concile s'ouvrit le 14 octobre 1829 dans la cathédrale de Baltimore. Les évêques présents étaient Mgr England de Charleston, Mgr Rosati de Saint-Louis, Mgr Fenwick de Boston, Mgr Fenwick de Cincinnati, et Mgr Flaget de Bardstown. Mgr Dubois de New-York n'avait pas pu s'y rendre. Douze théologiens, parmi lesquels on remarquait M. Carrière, futur supérieur général de Saint-Sulpice, étaient adjoints aux vénérés prélats. Le concile formula vingt-huit décrets qu'il serait trop long d'analyser ici, mais dont il peut être bon de mentionner au moins le caractère et l'esprit. Les quatre premiers décrets règlent les relations entre les prêtres et les évêques, prescrivant à ceux-ci de ne recevoir dans leur diocèse que des sujets munis de lettres testimoniales, et déterminant pour ceux-là leurs devoirs d'obéissance aux Ordinaires. Quatre autres décrets traitent des relations entre les autorités religieuses et les trustes, ou administrateurs laïques des biens ecclésiastiques. Aucun patronat ne sera désormais reconnu par l'Eglise d'Amérique et des peines sévères sont édictées contre les personnes ou les communautés de fidèles, qui, par leur révolte contre l'autorité légitime, exciteraient au schisme. Viennent ensuite les décrets sur le rituel, l'administration du baptême aux adultes et aux enfants présentés au prêtre par des parents protestants, les confessionaux dans les Eglises, le mariage, enfin les obligations du ministère pour les prêtres qui ont charge d'âmes. Les derniers décrets s'occupent du catéchisme, de la fondation d'écoles catholiques, des manuels à y introduire, de la nécessité de répandre les bons livres et des devoirs de la presse. Le soin avec lequel tous ces décrets furent revisés à Rome montre assez l'importance qu'y attacha le Saint-Siège. Par la voix de son préfet, le cardinal Capellari, la Congrégation de la Propagande félicita les prélats américains du développement qu'avait pris leur Eglise, et annonça l'approbation donnée par le saint Père, Pie VIII (30 septembre 1830), aux décrets du concile de Baltimore.

Un fait remarquable eut lieu pendant ce concile. Ce fut l'admission à la neuvième session publique de trois juristes distingués. Il s'agissait d'obtenir leur opinion sur la manière légale de transmettre la propriété ecclésiastique. L'impression qu'éprouvèrent ces hommes de loi accoutumés à prendre la parole dans les plus hautes assemblées du pays fut visible; eux-mêmes déclarèrent n'avoir jamais été aussi profondément émus.

Après la dernière séance, les six prélats se rendirent au manoir de M. Charles Carroll, pour rendre hommage par ce témoignage de respect au vénérable patriote alors agé de 96 ans, le dernier survivant des signataires de l'acte de déclaration d'indépendance américaine. Une lettre collective préparée par Mgr England fut adressée à tous les fidèles des Etats-Unis pour les exhorter à cultiver les vocations ecclésiastiques et leur recommander l'éducation de leurs enfants. Elle les prémunissait contre les livres ou les journaux qui attaquent et dénaturent leur foi, tout aussi bien que contre ces occasions de divisions et de schisme qui, dans les derniers temps, avaient si profondément attristé l'Eglise.

Tel fut ce premier concile de Baltimore. Il peut être considéré comme le modèle des fréquentes assemblées épiscopales qui, plus tard, développèrent dans le pays la discipline ecclésiastique.

Résumons en quelques mots les progrès réalisés durant la période 1790-1829. A l'ouverture du concile provincial le 4 octobre 1829, l'église catholique aux Etats-Unis se composait d'un seul archevéché. La province de Baltimore comprenait les évêchés de Baltimore, Boston, New-York, Philadelphie, Bardstowu, Charleston et Cincinnati; en dehors de cette province on comptait trois sièges épiscopaux qui n'avaient pas leur centre de juridiction dans le pays, mais dépendaient directement de la Propagande : la Nouvelle-Orléans, Saint-Louis et le vicariat d'Alabama. A la fin du concile, l'évêque de Mobile fut nommé suffragant de Baltimore. Touchante fut la lettre que firent écrire les Pères du concile au souverain Pontife, Pie VIII, en 1829 : « Il n'y a pas encore deux siècles, disaient les évêques, que dans un coin du Maryland un petit groupe de catholiques, guidés par quelques missionnaires, exilés de leur patrie et fuyant les cruelles persécutions dont ils étaient l'objet pour leur foi, posèrent les fondements de l'Eglise américaine. A peine quarante ans se sont écoulés depuis le jour où ce groupe de fidèles se crut assez nombreux pour solliciter à Rome l'érection d'un évêché ; il n'y a pas vingt ans que, par un décret solennel, sa Sainteté Pie VII éleva Baltimore à la dignité de siège métropolitain, et voilà que l'Eglise d'Amérique, comme une mère joyeuse et fière, offre à son époux Jésus-Christ dans la création de nouveaux évêchés, une progéniture de jeunes églises qui deviennent à leur tour riches et fécondes. Dieu nous a bénis. Le nombre des fidèles augmente chaque jour. Partout des églises s'élèvent où le culte divin peut s'exercer dignement, la parole de Dieu est prêchée sur tous les points et avec fruit. Les haines et les préjugés répandus contre l'Eglise disparaissent, la sainte religion, autrefois méprisée et tournée en dérision, est entourée de respect, même par ses ennemis. Les prêtres du Christ sont vénérés, même par ceux qui n'acceptent par leur enseignement. La vérité et la divinité de notre foi sont proclamées et vengées des calomnies de l'hérésie et de l'incrédulité, non seulement par les voix éloquentes de la chaire chrétienne, mais par celle de la presse, des livres et des brochures semés à travers et partout le pays. Six séminaires, l'espérance de nos diocèses, sont établis et gouvernés dans la sainte discipline par des prêtres instruits et zélés, neuf collèges ecclésiastiques se sont établis dans différents Etats pour l'éducation des jeunes gens. Trois d'entre eux ont reçu des législatures du pays des chartes qui leur confèrent le titre d'Université de l'Etat. Des monastères et des couvents de femmes de différents ordres : Ursulines, Visitandines, Carmélites, Sacré-Cœur, Sœurs de Charité, Sœurs de Lorette, etc, prêchent dans toutes les parties de la République l'obéissance aux conseils évangéliques, et donnent l'éducation chrétienne à d'innombrables jeunes filles. Plusieurs ordres religieux d'hommes se sont établis ; des écoles primaires gratuites, des hôpitaux ont été fondés. Voilà, saint Père, les bienfaits que Dieu nous a accordés en si peu d'années. »

Il y avait en effet prospérité dans l'Eglise américaine, grâce à la vie intérieure qu'elle recevait de l'Esprit saint, mais aussi grâce à la liberté garantie par la constitution. Depuis la déclaration et l'acquisition de l'indépendance, les catholiques qui avaient contribué à l'obtenir étaient demeurés fidèles aux institutions du pays. Rien dans leur conduite ne pouvait donner prétexte à un retour de l'esprit persécuteur de l'époque coloniale. L'orage, cependant, était proche ; il couvait encore sous la cendre et ce fut le mouvement d'émancipation catholique en Angleterre qui le souleva.

Nous entrons maintenant dans la deuxième période : Le Catholicisme prend racine et grandit, mais au milieu de dangers de tous genres où, maintes fois, il faillit périr.

TABLE DES MATIÈRES

Saint-Amand (Cher). — Imprimerie Bussière.